KRIEGSSCHIFFE

1939–1945

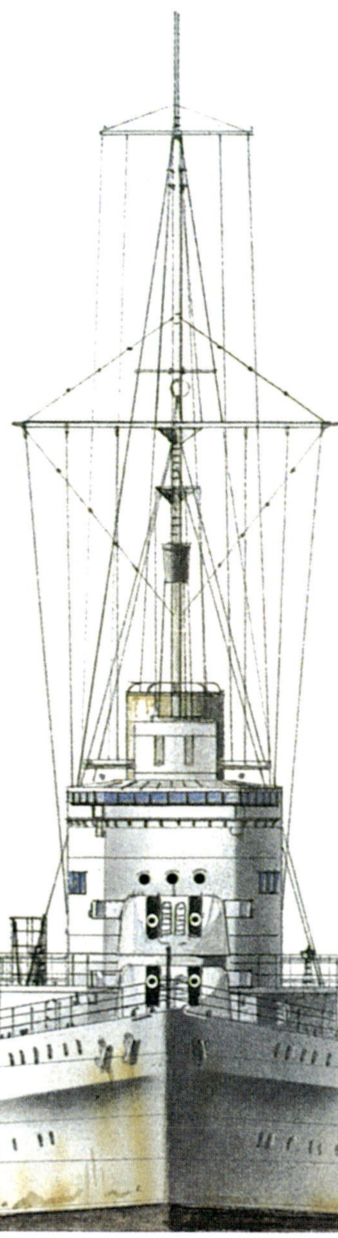

Robert Hewson

KRIEGS-SCHIFFE
1939–1945

GONDROM

Bearbeitung und Koordination der deutschen Ausgabe:
akapit Verlagsservice, contact@akapit.com
Übersetzung:
Andreas Goebel (akapit Verlagsservice - www.akapit.de)

ISBN 3-8112-1796-8

Covervorderseite: die Bismarck (von vorn und von oben) sowie die HMS Royal Oak (im Profil)
Coverrückseite: U 47

Inhalt

Akagi

Japan begann zögerlich mit der Entwicklung von Flugzeugträgern und schiffsgestützter Luftwaffe. Als jedoch klar wurde, welche Kampfmöglichkeiten damit gegen die gegnerischen Schlachtschiffe der US-Marine verbunden waren, baute Japan eine herausragende Flugzeugträgerflotte. Die japanischen Träger waren auf den Angriff ausgerichtet – sie waren schnell sowie mit einer schlagkräftigen Luftmacht und guter Flakausrüstung ausgestattet –, doch gleichzeitig nur leicht gepanzert und daher angreifbar. Einer der ersten japanischen Flugzeugträger war die *Akagi*. Sie wurde 1920 ursprünglich als 41.200-Tonnen-Schlachtkreuzer auf Kiel gelegt, doch 1923 zum Flugzeugträger umfunktioniert. Ein Schwesterschiff, die *Kaga*, folgte ihr, jedoch mit einer anderen Konstruktion; die *Akagi* blieb einzigartig. Nach dem Stapellauf 1926 wurde sie 1935–1938 in wichtigen Punkten überholt; dabei wurde das ursprünglich 190,3 m lange Flugdeck um etwa 24,4 m verlängert. Eine kleine Insel mittschiffs nach Backbord kam hinzu; in dieser Gestalt ist das Schiff hier abgebildet. Die *Akagi* konnte bis zu 91 Flugzeuge transportieren, obwohl die Standardkapazität etwa bei 72 lag, und zwar 18 Sturzbomber vom Typ Aichi D1A Susie, 36 Torpedobomber vom Typ Yokosuka B4Y Jean und 18 Jäger vom Typ Mitsubishi A5M Claude. Bemerkenswert waren die 203-mm-Geschütze der *Akagi*, die auf Plattformen knapp unter dem Flugdeck installiert waren, ein Erbe ihrer Schlachtkreuzerkonstruktion. Auch der nach unten gebogene Luftschacht an der Backbordseite, der beim Umbau 1935–1938 zwei kleinere Schornsteine ersetzte, war ungewöhnlich. Die *Akagi* nahm am chinesisch-japanischen Krieg von 1937 teil. Ihre Sternstunde erlebten die japanischen Flugzeugträger jedoch beim Überraschungsangriff auf Pearl Harbor am 7./8. Dezember 1941. Die *Akagi* führte die sechs an der Operation beteiligten Flugzeugträger an. Von da an jedoch wurden die japanischen Jäger zu den Gejagten, als nämlich die wieder erstarkte US-Marine (mit den Flugzeugträgern, die den Angriff auf Pearl Harbor unbeschädigt überstanden hatten) im Pazifik zurückschlug. Die *Akagi* kämpfte im Pazifischen und Indischen Ozean und trug zum Versenken der britischen Kreuzer *Dorsetshire* und *Cornwall* bei, zusammen mit dem Träger HMS *Hermes*. Die Schlacht von Midway im Juni 1942 brachte den ersten großen und entscheidenden Zusammenstoß zwischen der japanischen und der amerikanischen Marine. Dabei verlor Japan vier Flugzeugträger und seine erfahrensten Marinepiloten. Einer der Flugzeugträger war die *Akagi*, die am 5. Juni 1942 versenkt wurde. Die USS *Enterprise* zerstörte das Schiff, das in Brand geriet. Es wurde aufgegeben und anschließend von japanischen Zerstörern versenkt.

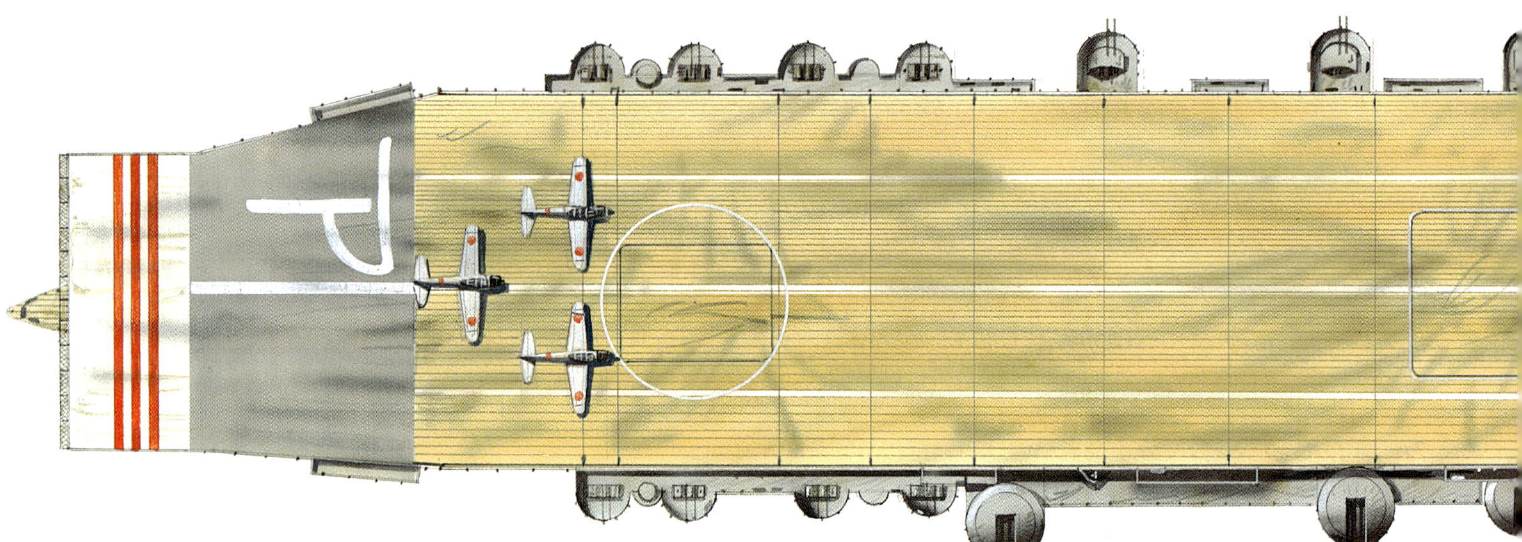

Daten

Verdrängung:	26.900 t normal; 42.750 t voll ausgerüstet
Maße:	Länge 260,6 m; Breite (an der Wasserlinie) 31,3 m; Tiefgang 8,71 m
Antrieb:	19 Kampon-Kessel mit vier Gijutsu-Hombu-Turbinen mit Getriebewellen, 131.200 PS
Geschwindigkeit:	31 Knoten
Panzerung:	Gürtel 25,4 cm
Bewaffnung:	zehn 203-mm-Geschütze, 12 119-mm-Geschütze, 28 25-mm-Flugabwehrkanonen, 60 Flugabwehr-Maschinengewehre sowie bis zu 91 Flugzeuge
Besatzung:	2.000
Herkunftsland:	Japan

HMS *Ark Royal*

Der erste Flugzeugträger der britischen Marine von 1914 hieß zwar ebenfalls *Ark Royal,* aber erst die zweite *Ark* wurde im 2. Weltkrieg eingesetzt. Englands frühe Erfahrungen mit dem Bau von Flugzeugträgern und die Erfahrungen aus dem 1. Weltkrieg führten zum Bau größerer, besser geschützter Träger. Diese Schiffe schützten die Flugzeuge in einer gepanzerten Hülle mittels eines zweistöckigen Hangardecks unter dem Flugdeck, abseits vom äußeren Schiffskörper. Ihre Verteidigungskraft war enorm, und sie waren gleichzeitig leistungsfähige Schlachtschiffe. Was ihnen jedoch fehlte, besonders in den frühen Kriegsjahren, waren moderne Kampfflugzeuge. Veraltete Maschinen wie die Fairey Swordfish, beschränkten die Träger im Kriegseinsatz. Als die *Ark Royal* 1935 in der Cammell-Laird-Werft auf Kiel gelegt wurde, war sie der größte Flugzeugträger in der Geschichte der britischen Marine. Der Stapellauf erfolgte 1937 mit zwei Dampfkatapulten. Vorrangig war die Panzerung. Das Schiff wurde mit diversen Schichten von Panzergürteln und Unterwasserschotten gebaut, um einen Schutz gegen Über- und Unterwasserangriffe zu gewährleisten. Die *Ark Royal* besaß Flugabwehrkanonen, die über das eigene Flugdeck schießen konnten, was – angesichts der Stoßwirkung – die Geschütze weitaus wirksamer für die Luftabwehr machte. Die *Ark* beförderte für gewöhnlich Torpedobomber vom Typ Fairey Swordfish und 24 Jagd-/Sturzbomber vom Typ Blackburn Skua. Einer dieser Skuas gelang am 26. September 1939 der erste britische Abschuss eines deutschen Flugbootes. Als Teil der Einheit H der britischen Marine war die *Ark* an der Verfolgung der deutschen Schlachtkreuzer *Scharnhorst* und *Gneisenau* beteiligt. Die *Ark* nahm auch an dem Angriff auf die französische Vichy-Flotte in Mers-el-Kebir am 13. April 1940 teil. Im Mai 1941 flogen Swordfish-Torpedobomber bei schlechtem Wetter wiederholte Angriffe gegen die *Bismarck,* bis das deutsche Kampfschiff von zwei Torpedos getroffen wurde. Durch die von den Flugzeugen der *Ark Royal* zugefügten Schäden konnten andere britische Schiffe die *Bismarck* einholen und schließlich versenken. Auch an der Unterstützung Maltas war die *Ark* beteiligt, indem sie Flugzeuge zu der belagerten Insel flog und Konvois im Mittelmeer schützte. Auf der Rückkehr nach Gibraltar wurde die *Ark* am 13. November 1941 von dem deutschen U-Boot *U-81* torpediert. Die Maschinen fielen aus, und das Schiff neigte sich. Sie wurde aufgegeben, und man ließ sie fast 15 Stunden nach den Einschlägen – nur etwa 40 km vom Land entfernt – am 14. November sinken. Der Verlust eines der wenigen zu der Zeit verfügbaren Träger wirkte sich negativ auf die weiteren britischen Marineeinsätze aus.

Flugzeugträger

Daten

Verdrängung:	22.000 t normal; 27.720 t voll ausgerüstet
Maße:	Länge 243,84 m; Breite (an der Wasserlinie) 28,88 m; Tiefgang 8,46 m
Antrieb:	sechs Admiralty-Kessel mit drei Trommeln, daran drei Parsons-Turbinen mit Getriebewellen, 102.000 PS
Geschwindigkeit:	31 Knoten
Panzerung:	Gürtel 11,43 cm
Bewaffnung:	16 114-mm-Flugabwehrkanonen, 48 2-Pfünder-Flugabwehr-Superfeuergeschütze sowie 60 Flugzeuge
Besatzung:	1.580
Herkunftsland:	Großbritannien

HMS *Audacity*

Begleitträger waren zwar nicht so riesig wie die großen Flugzeugträger, doch war ihre Rolle im Krieg insgesamt vielleicht noch wichtiger. Während die großen Träger in bedeutenden Schlachten kämpften, zogen die Begleitträger durch den Atlantik und den Pazifik und wachten über die Konvois, die für die Kriegsführung der Alliierten entscheidend waren. Für die Briten, die auf die Versorgung ihrer Truppen durch die USA angewiesen waren, erwiesen sich die Begleitträger als besonders lebenswichtig, da sie eine Warn- und Verteidigungsfunktion gegen deutsche Überwasserfahrzeuge, U-Boote und vor allem Langstreckenflugzeuge wie die FW 200 Condor übernahmen. Den Schiffen selbst sah man ihre Bedeutung freilich nicht an. Sie waren klein, unbequem und weniger seetüchtig als ihre großen Verwandten. Nicht selten waren sie umgebaute Schnellfrachter. Mit leichter Bewaffnung und noch leichterer Panzerung konnten sie nur eine Hand voll Flugzeuge befördern. Trotzdem bot ihre bloße Anwesenheit einem Konvoi Sicherheit und schreckte U-Boote ab, die befürchteten, an der Wasseroberfläche von Flugzeugen entdeckt zu werden. Die *Audacity* war ein eher ungewöhnliches Schiff. Wie die meisten frühen Begleitträger der britischen Marine war sie ein umgewandeltes Frachtschiff. In diesem Falle jedoch handelte es sich um die im Februar 1940 in der Karibik eroberte deutsche *Hannover*. Gerade so viele Veränderungen wurden an ihr vorgenommen, wie für ihre neue Rolle erforderlich waren. Man richtete ein Flugdeck ein, jedoch ohne Unterdeck-Hangar. Alle sechs Flugzeuge der *Audacity* (zunächst Grumman Martlets) waren die ganze Zeit auf Deck untergebracht. Das Flugdeck maß 140 x 18 m und hatte keine Startkatapulte. Im Juni 1941 wurde die *Audacity* bei den Gibraltar-Konvois eingesetzt. Am 21. Dezember 1941 fiel sie den Torpedos des deutschen *U-751* vor Portugal zum Opfer. Nach drei Einschlägen brach der Träger auseinander und versank 70 Minuten nach dem ersten Treffer.

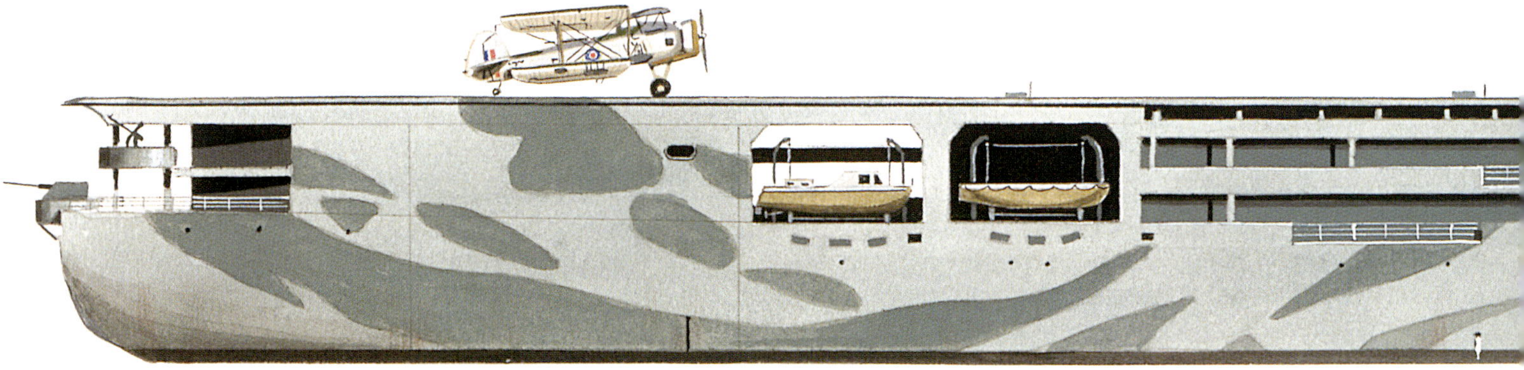

Flugzeugträger

Daten

Verdrängung:	11.000 t mit Wasserbomben
Maße:	Länge 145,2 m; Breite (an der Wasserlinie) 17,1 m; Tiefgang 18,3 m
Antrieb:	ein Dieselmotor mit Getriebewelle, 5.200 PS
Geschwindigkeit:	15 Knoten
Panzerung:	keine
Bewaffnung:	ein 102-mm-Geschütz, ein 6-Pfünder-Geschütz, vier 2-Pfünder-Superfeuer-Flugabwehrkanonen, vier 20-mm-Flugabwehrkanonen sowie sechs Flugzeuge
Besatzung:	unbekannt
Herkunftsland:	Großbritannien

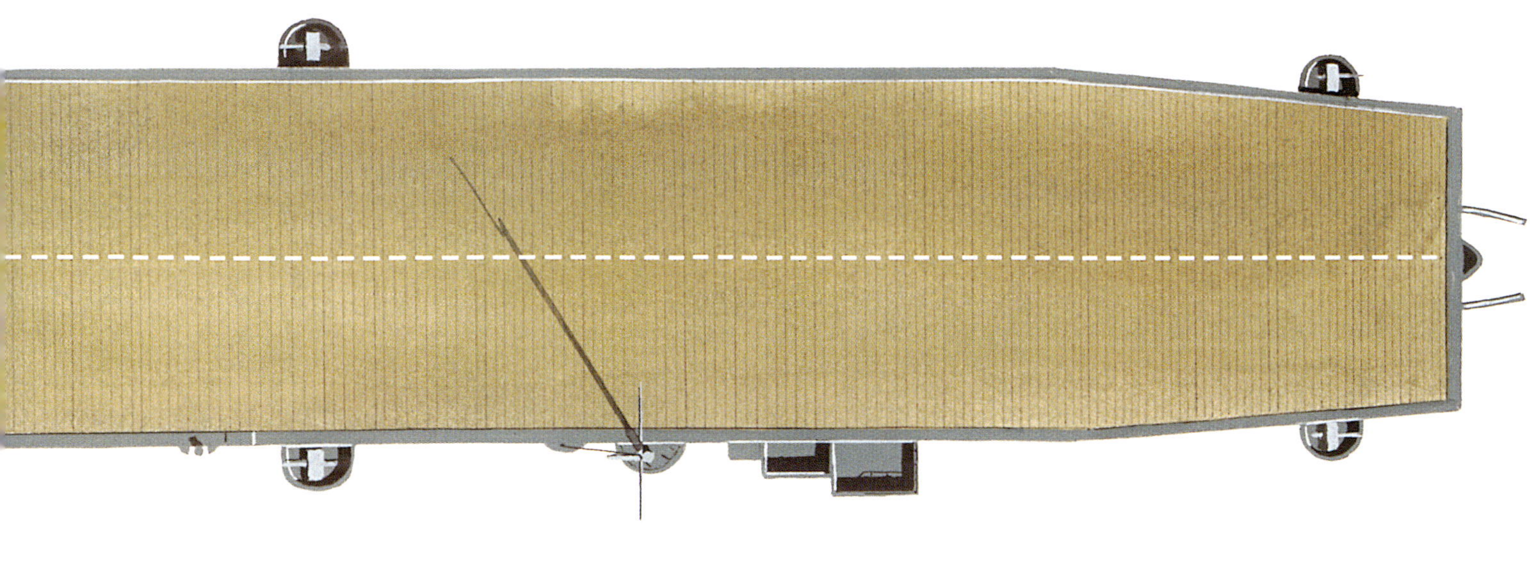

USS *Independence* (CVL-22)

Die USS *Independence* oder „Indy", wie die Besatzung sie nannte, war das führende Schiff in der *Independence*-Klasse leichter Flugzeugträger (CVLs) und diente der US-Marine bald nach Amerikas Kriegseintritt zur Überbrückung. Anfang 1942 wurde ein Programm zum Bau der *Essex*-Klasse schneller Träger (CVs) fertig gestellt, doch fürchtete man, dass diese Schiffe nicht in der gebotenen Zeit einsatzbereit sein würden. Diese Befürchtung erwies sich jedoch als unbegründet, da die US-Schiffsindustrie schnell mit der Massenproduktion von Schiffen begann. Die Träger der *Essex*-Klasse wurden die Hauptstütze der US-Trägerverbände im Krieg, doch standen ihnen neun CVLs der *Independence*-Klasse zur Seite. Die *Independence* und ihre Schwesterschiffe waren nach dem Vorbild der Kreuzer der *Cleveland*-Klasse gebaut, deren enge Hülle zu Trägern umzubauen, keine leichte Aufgabe war. Die neun leichten Träger wurden 1941–1942 an der New Yorker Werft auf Kiel gelegt. 1943 liefen sie vom Stapel. Die *Independence* war die frühere USS *Amsterdam* (CL-59) und wurde am 1. Juni 1941 auf Kiel gelegt. Der Stapellauf erfolgte als CVL-22 am 22. August 1942, die Inbetriebnahme am 1. Januar 1943. Da sie ursprünglich Kreuzer waren, verdrängten die CVLs – verglichen mit einem durchschnittlichen Flottenträger – etwa ein Drittel der Tonnage und konnten nur halb so viele Flugzeuge wie ein CV tragen. Dies entsprach 1942 12 F6F-Hellcats, neun SBD-Dauntless und neun TBM-Avengers. Die USS *Independence* war als Einzige ihrer Klasse vorn und hinten mit 127-mm-Zwillingsgeschützlafetten ausgerüstet. Die *Independence* (und die zweite CVL, die USS *Princeton)* waren, bedingt durch die Eile der Produktion, ebenso ohne Seitenpanzerung gebaut. Bis auf einen überstanden alle CVLs *(Princeton)* den Krieg. Trotz ihres Erfolgs im Einsatz waren sie klein, langsam und nicht besonders modern. Durch den Treffer eines japanischen Luft-Torpedos im November 1943 war die *Independence* bis Mitte 1944 einsatzunfähig. Danach war sie bis zum Kriegsende im Dienst. Nach der Kapitulation Japans wurden die CVLs der *Independence*-Klasse bald außer Betrieb genommen und weitgehend vernichtet oder ins Ausland verkauft. Die USS *Independence* war eines der Schiffe, die 1946 bei den Atombomben-Tests auf dem Bikini Atoll als Übungsziel dienten, was sie jedoch relativ unbeschadet überstand. Sie wurde schließlich bei Waffentests am 29. Januar 1951 versenkt. Den Namen *Independence* bekam später der letzte Träger der *Forrestal*-Klasse der US-Marine, der 1959 in Betrieb genommen wurde. Als CV-62 diente die „neue" USS *Independence* bis 1998.

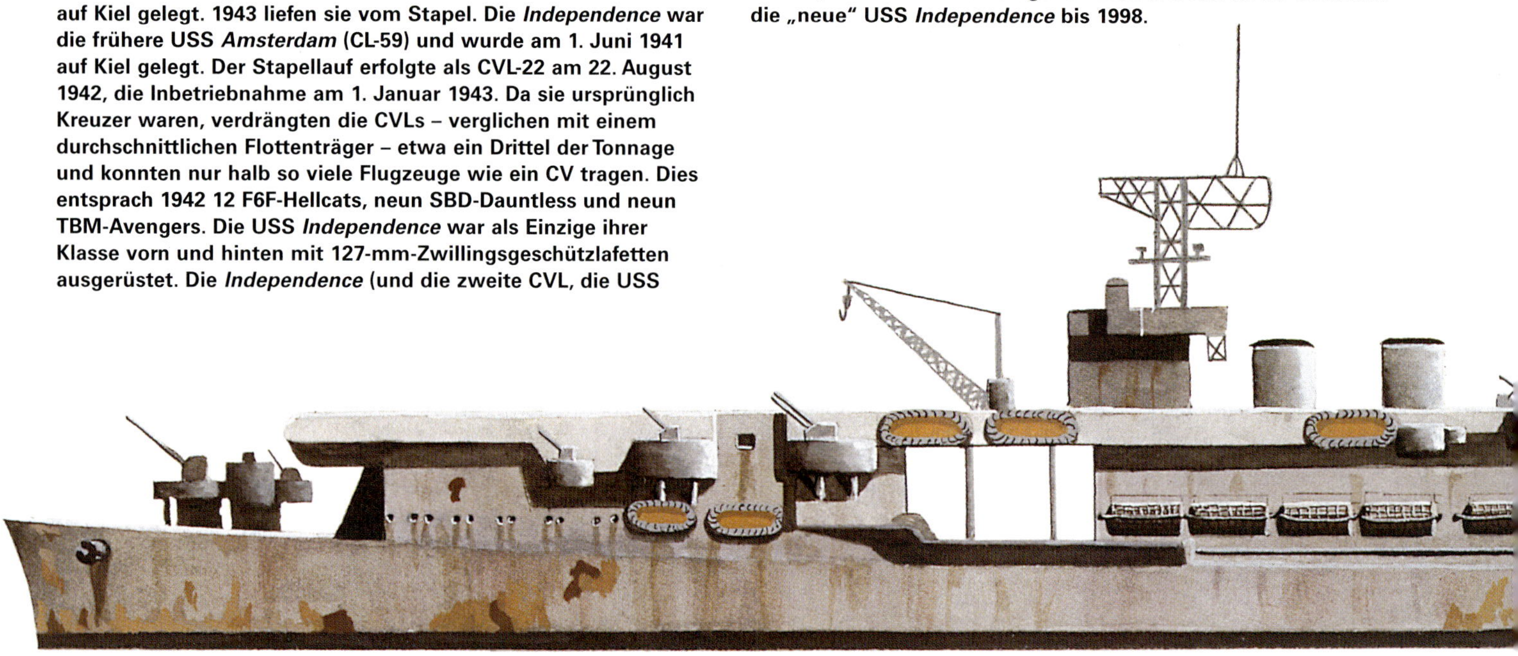

Daten

Verdrängung:	10.662 t normal; 14.751 t mit Wasserbomben
Maße:	Länge 190 m; Breite (an der Wasserlinie) 21,8 m; Tiefgang 7,4 m
Antrieb:	vier Babcock-und-Wilcox-Kessel, daran General-Electric-Turbinen mit vier Getriebwellen, 100.000 PS
Geschwindigkeit:	31,6 Knoten
Panzerung:	Gürtel 12,7 cm; Schotten 12,7/3,8 cm; Panzerdeck über dem Gürtel 5,1 cm (kein Panzergürtel an der CV-22)
Bewaffnung:	28 40-mm-Flugabwehrkanonen, vier 20-mm-Flugabwehrkanonen (nur bei der CV-22) sowie 30 Flugzeuge (normale Ausstattung)
Besatzung:	1.569
Herkunftsland:	USA

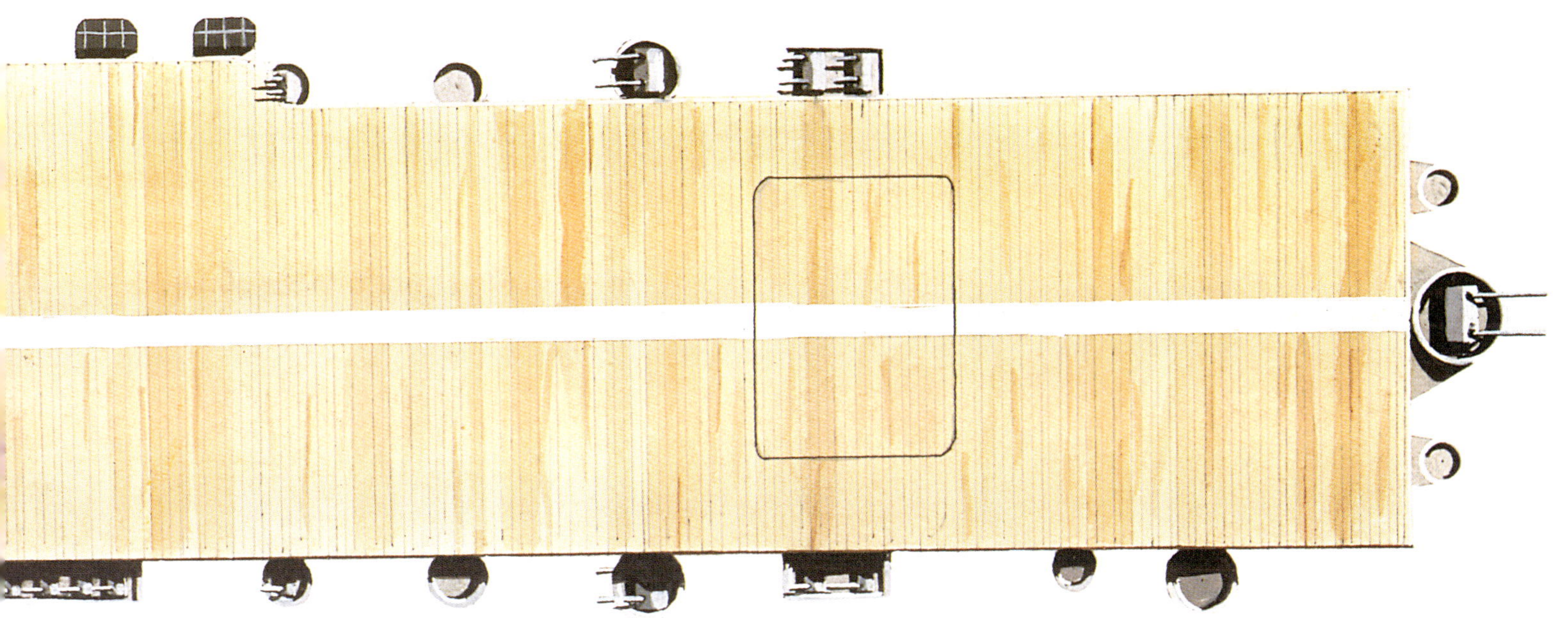

HMS *Indomitable*

Die HMS *Indomitable* war einer der wenigen modernen Flotten-Flugzeugträger, die der britischen Marine zu Beginn des 2. Weltkrieges zur Verfügung standen. Sie sollte eigentlich das vierte Schiff in der *Illustrious*-Klasse sein (nach der *Illustrious*, der *Victorious* und der *Formidable*), unterschied sich jedoch deutlich von ihren Vorgängern. In England favorisierte man schwer gepanzerte Flugzeugträger, die sowohl gegen Schiffskanonen als auch gegen Luftangriffe gewappnet sein sollten. Der Preis für die Schutzpanzerung war eine geringere Kapazität für Flugzeuge. Die großen Träger der *Illustrious*-Klasse konnten gerade einmal 36 Flugzeuge transportieren. Als die *Indomitable* in der Vickers-Armstrong-Werft in Barrow Gestalt annahm, verkleinerte man den Panzergürtel um 76 mm, um größere Hangars und demzufolge mehr Flugzeuge unterbringen zu können. Die *Indomitable* wurde am 10. November 1937 auf Kiel gelegt, lief am 26. März 1940 vom Stapel und kam am 10. Oktober 1941 in den Dienst der britischen Marine. Anfangs maß ihr Flugdeck 207 x 29 m, es wurde jedoch später auf 227 m verlängert. Es wurde auch um 4,3 m erhöht, damit ein zweiter Hangar Platz hatte. So konnte die *Indomitable* bis zu 56 Flugzeuge befördern. Auch die Bewaffnung wurde mehrmals verändert: Im Laufe des Krieges wurden immer mehr Verteidigungsgeschütze installiert. Während ihrer ereignisreichen Karriere nahm die *Indomitable* an vielen Einsätzen teil. Zwischendurch wurde das Schiff mehrfach angegriffen und beschädigt und musste zweimal vollständig außer Betrieb genommen werden. Am 12. August 1942 erhielt sie bei der Operation Pedestal zwei direkte Einschläge und drei knappe Fehltreffer und musste wegen der Schäden für sechs Monate aus dem Dienst genommen werden. Eine Torpedo-Attacke am 16. Juli 1943 durchlöcherte das Schiff, sodass eine große Menge Wasser hineingeriet. Die *Indomitable* neigte sich um 12,5 Grad ins Wasser, konnte jedoch durch die ruhige See und die schnelle Reaktion der Besatzung gerettet werden. Nach diesem Angriff blieb die *Indomitable* 34 Wochen lang außer Betrieb. Nach der Reparatur in den USA wurde sie im Juli 1944 den britischen Pazifik-Streitkräften angegliedert. Am 4. Mai 1945 fiel sie einem japanischen Kamikaze-Angriff zum Opfer, stand den Krieg jedoch noch bis zum Ende durch. Nachdem sie später im Mittelmeer und in der Heimatflotte eingesetzt wurde, nahm man sie schließlich außer Betrieb und verschrottete sie 1955.

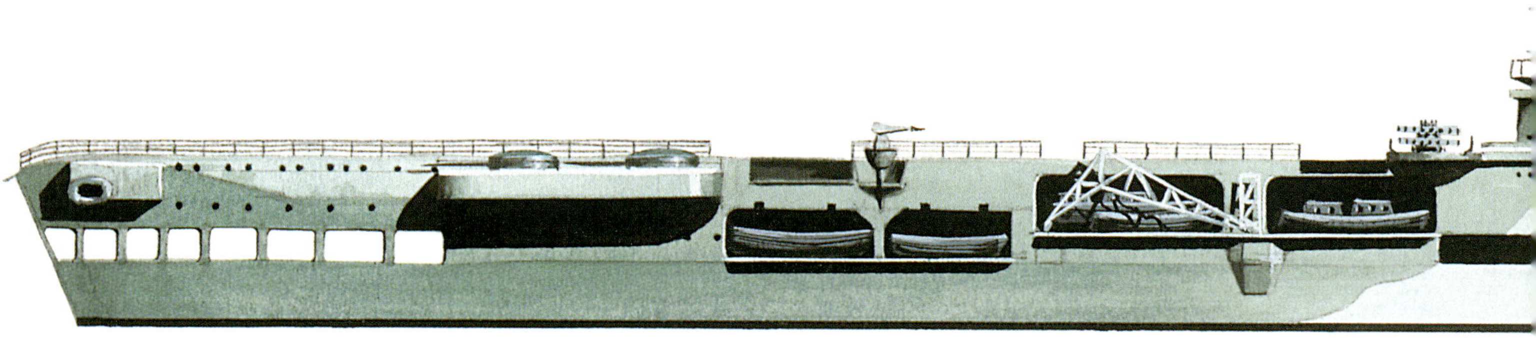

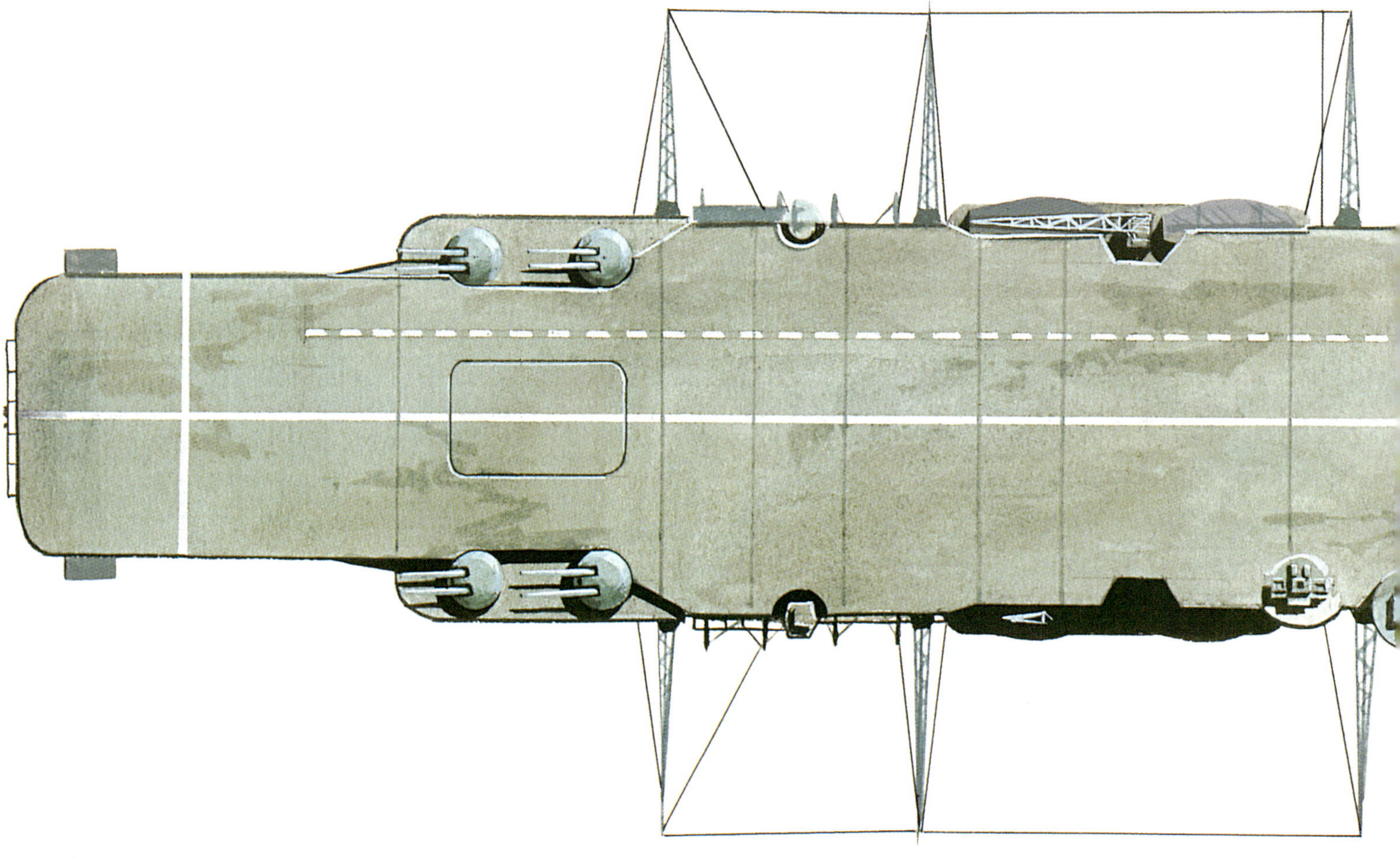

Flugzeugträger

Daten

Verdrängung:	23.000 t normal; 29.730 t mit Wasserbomben
Maße:	Länge 229,8 m; Breite (an der Wasserlinie) 29,2 m; Tiefgang 8,9 m
Antrieb:	sechs Admiralty-Kessel mit drei Trommeln, daran drei Parsons-Turbinen mit Getriebewellen, 111.000 PS
Geschwindigkeit:	30,5 Knoten
Panzerung:	Gürtel 114 mm; Hangar-Seite 38 mm; Schotten 76 mm/38 mm); Flugdeck 76 mm
Bewaffnung:	(1945) 16 114-mm-Geschütze, 48 2-Pfünder-Flugabwehr-Superfeuergeschütze, 12 40-mm-Bofors-Flugabwehr-Zwillingsgeschütze, 13 einfache 40-mm-Bofors-Flugabwehrkanonen, 36 20-mm-Oerlikon-Flugabwehrkanonen sowie 45 Flugzeuge (normale Ausstattung)
Besatzung:	anfangs 1.392, später 2.100
Herkunftsland:	Großbritannien

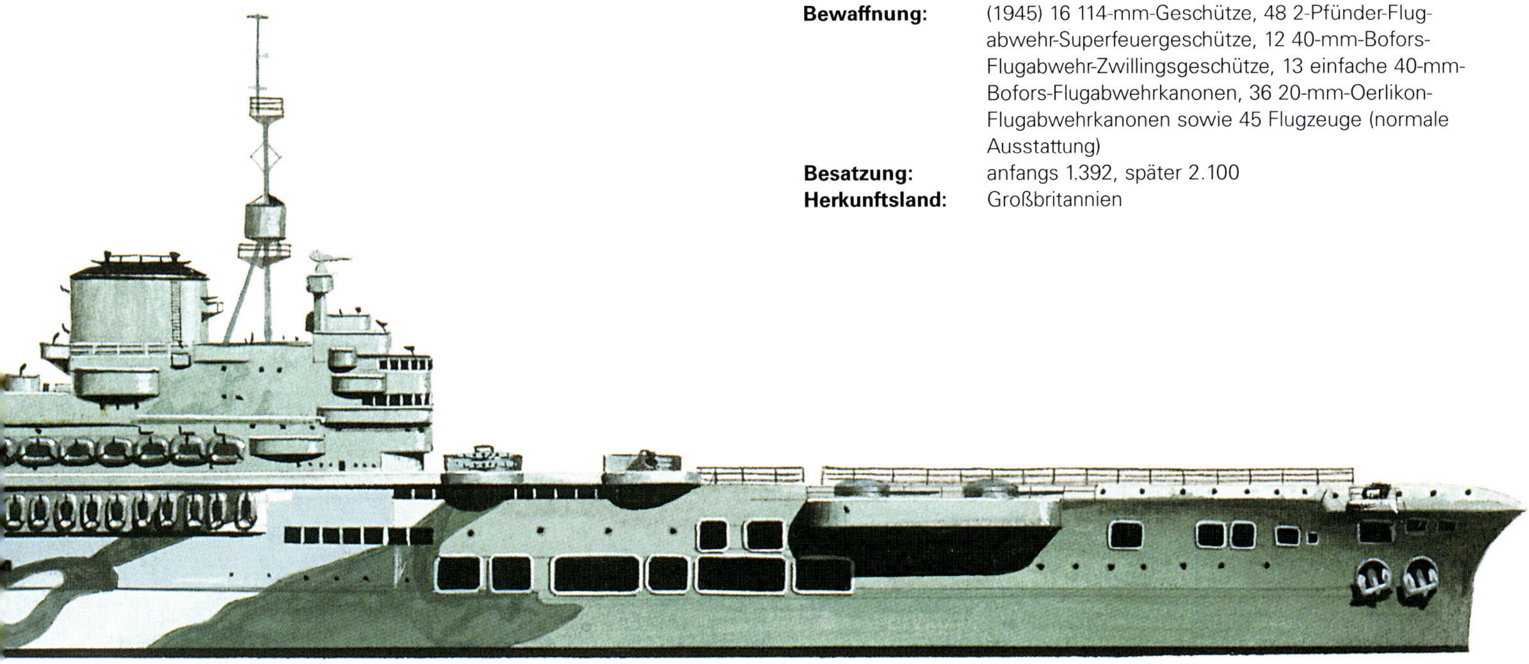

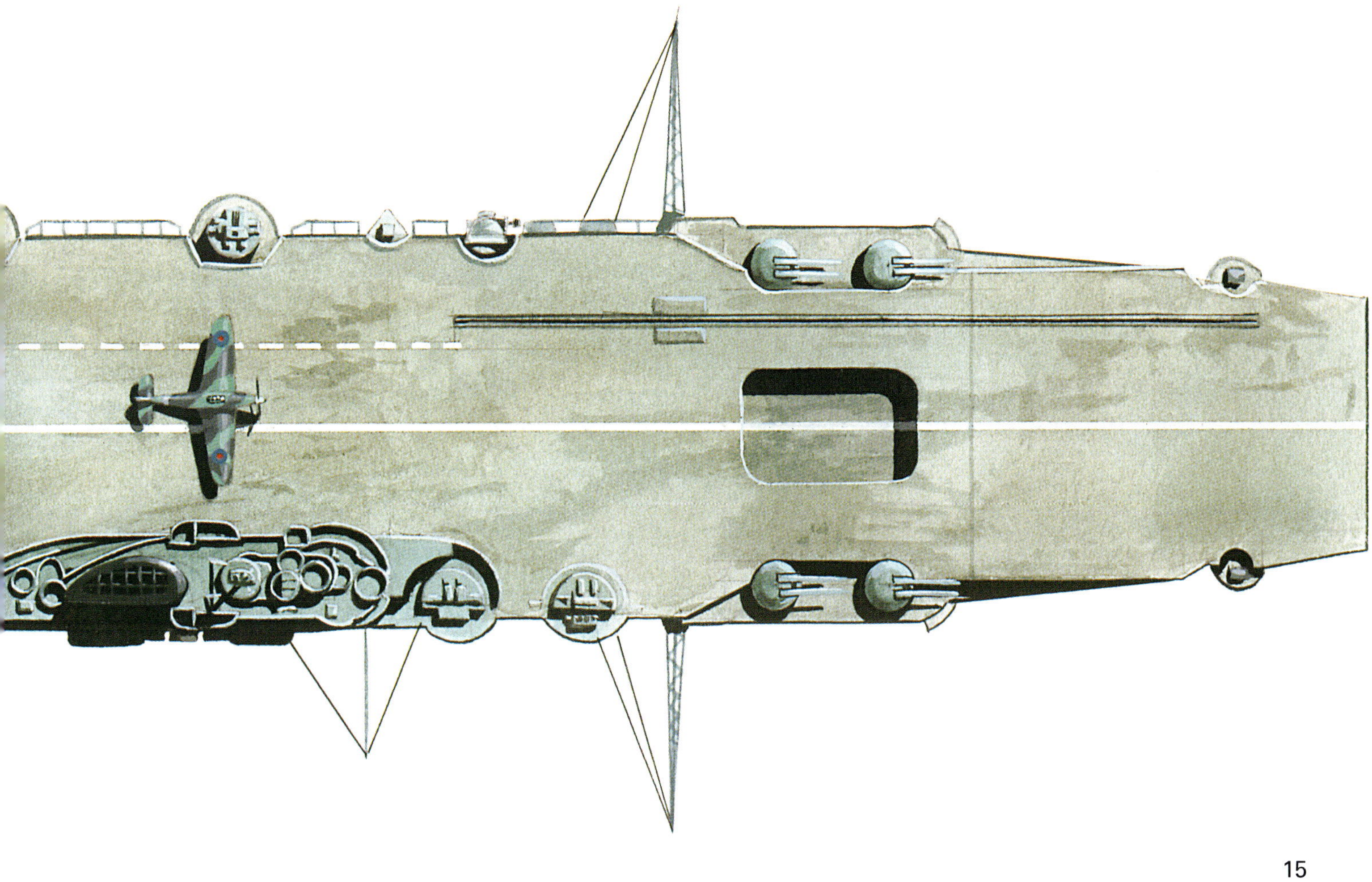

Kaga

Wie die *Akagi*, so entstand auch die *Kaga* in der Folge des Washingtoner Abrüstungsvertrages von 1922, einem internationalen Abkommen, nach dem Japans Marine bis weit unter ihre Möglichkeiten reduziert wurde. Japan hatte mit der Durchführung seines „8-8"-Plans begonnen, der den Bau von acht modernen Schlachtschiffen und acht Kreuzern vorsah. Der Vertrag von Washington verhinderte dies zwar, erlaubte Japan jedoch den Umbau einiger bereits hergestellter Schiffshüllen zu Flugzeugträgern. Die *Kaga* wurde als 40.000-Tonnen-Schlachtschiff auf Kiel gelegt und trotz ihrer ungeeigneten Voraussetzungen zum Träger umfunktioniert. Die Arbeit an der *Akagi* begann zur selben Zeit wie die an der *Kaga*; die beiden wurden oft als Schwesterschiffe bezeichnet. Obwohl der Umbau ähnlich verlief, gab es deutliche Unterschiede zwischen den Schiffen. Die *Kaga* wurde am 19. Juli 1920 auf Kiel gelegt, lief am 17. November 1921 vom Stapel und wurde am 31. März 1928 in Betrieb genommen, wenn es auch bis 1934 nicht zum aktiven Einsatz kam. Die *Kaga* wurde ebenso verändert und modifiziert wie die *Akagi.* Das Flugdeck wurde vergrößert, um die ganze Länge des Schiffskörpers auszufüllen, die Flugzeugkapazität wurde mittels zusätzlicher Hangars auf 72 Stück erhöht (mit bis zu 18 weiteren Reservemaschinen), ein dritter Aufzug wurde eingerichtet, neue Kessel und Turbinen installiert, die Artillerie verändert und eine Insel vor der Schiffsmitte und nach Steuerbord konstruiert. Der frühere Schornstein der *Kaga*, der über die ganze Länge des Schiffs lief und am Heck hervortrat, wurde durch ein kleineres, nach unten laufendes Element ersetzt. Die *Kaga* konnte 24 Aichi-D1A-Susie-Sturzbomber, 36 Yokosuka-B4Y-Jean-Torpedobomber und 12 Mitsubishi-A5M-Claude-Jäger befördern, was sich jedoch 1938 mit der Einführung des größeren Torpedobombers Nakajima B5N Kate auf 66 Flugzeuge verringerte. Die Flugzeuge der *Kaga* spielten eine zentrale Rolle bei dem Angriff auf Schanghai 1932. Das Schiff war auch während der chinesisch-japanischen Kämpfe 1939 aktiv. Die *Kaga* war am Angriff auf Pearl Harbor beteiligt und später, im Februar 1942, an den Angriffen auf Darwin in Australien und, wie die *Akagi*, am Einmarsch in Rabul im März 1942. Wie die *Akagi* wurde die *Kaga* bei der Schlacht von Midway zerstört, als sie von Sturzbombern der USS *Enterprise* getroffen wurde, in Brand geriet und schließlich explodierte. Sie versank am 4. Juni 1942.

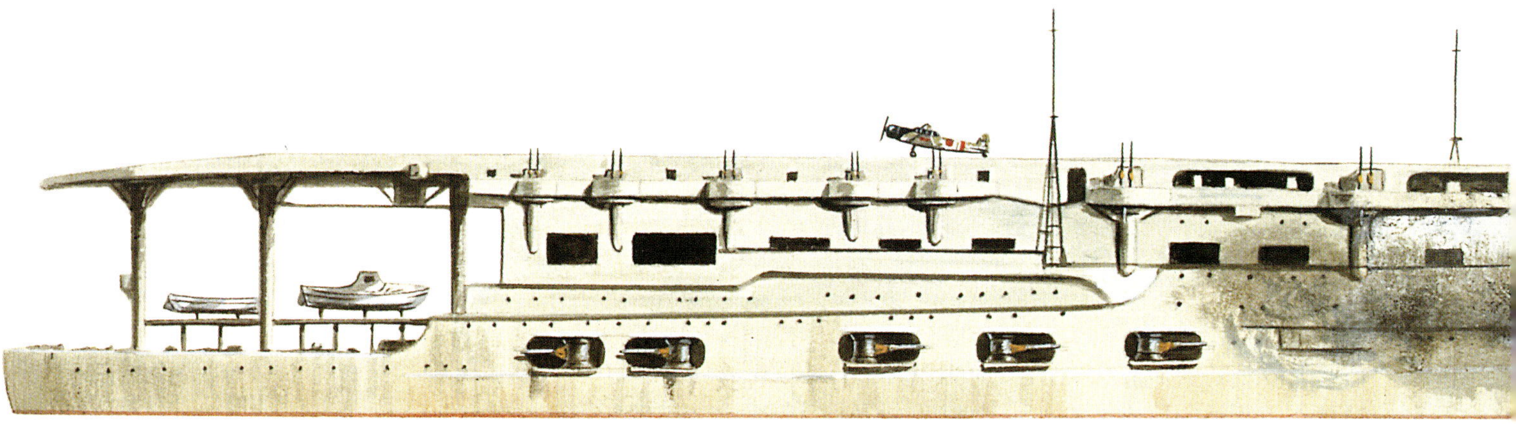

Flugzeugträger

Daten

Verdrängung:	38.200 t normal; 43.650 t voll ausgerüstet
Maße:	Länge 247,7 m; Breite (an der Wasserlinie) 32,5 m; Tiefgang 9,5 m
Antrieb:	12 Kampon-Kessel mit vier Brown-Curtis-Turbinen, 91.000 PS
Geschwindigkeit:	27,5 Knoten
Panzerung:	Gürtel 280 mm
Bewaffnung:	zehn 203-mm-Geschütze, 16 127-mm-Geschütze, 22 25-mm-Flugabwehrkanonen, 60 Flugabwehr-Maschinengewehre sowie bis zu 91 Flugzeuge
Besatzung:	2.016
Herkunftsland:	Japan

USS *Lexington* (CV-2)

Die beiden Schiffe der *Lexington*-Klasse – die USS *Lexington* (CV-2) und die USS *Saratoga* (CV-3) – waren die ersten modernen Flugzeugträger der US-Marine. Sie waren auch die größten, am schwersten bewaffneten und am besten geschützten Schiffe unter allen Trägern. Das rührte daher, dass sie – wie so viele andere Träger dieser Periode – aus dem Washingtoner Abkommen von 1922 hervorgegangen waren. Die Schiffe der *Yorktown*-Klasse waren als 43.000-Tonnen-Schlachtkreuzer entworfen worden, die die US-Marine zügig zu Trägern umbaute, als das Programm zum Bau von Schlachtkreuzern vom Washingtoner Abkommen gestoppt wurde. Infolgedessen wurde aus der *Lexington* ein Flugzeugträger mit Schlachtschiffartillerie und Kreuzerpanzerung. Ihre Größe und ihr Gewicht erforderten eine entsprechende Motorisierung; so bot die *Lexington*-Klasse die leistungsfähigsten Kriegsschiffe bis zum Ende des 2. Weltkriegs. Besonders deutlich zeigte sich dies im Winter 1929/30, als die Generatoren der *Lexington* nach einem Stromausfall den Strom für die gesamte Stadt Tacoma/Washington produzierten. Die *Lexington* wurde am 8. Januar 1921 auf Kiel gelegt, lief am 3. Oktober 1925 vom Stapel und ging am 14. Dezember 1927 in Dienst. Sie konnte 80 trägergestützte US-Flugzeuge der ersten Generation befördern (F6C, FB, OU und T3M). Die geräumigen Hangars auf der *Lexington* wurde später zu einem großen Vorteil, als größere Flugzeuge eingeführt wurden. Die *Lexington* hatte einen massiven, 24,4 m hohen Trichter, in dem sich vier Schornsteine befanden. Davor war der Brückenaufbau (der eigentlich keine Insel war); Brücke und Schornstein wurden von acht 375-mm-Geschützen Mk flankiert. Sie stellten einen Überrest des ursprünglichen Kreuzers *Lady Lex* dar, waren für die Funktion als Träger aber letztlich sinnlos. Realistisch betrachtet, konnten sie nur in eine Richtung und mit einem beschränkten Radius feuern. Bei der *Saratoga* änderte man die Geschützinstallation, doch die *Lexington* blieb in dieser Hinsicht unverändert. Im Grunde wurden die meisten Veränderungen und neuen Elemente der *Saratoga* niemals auf die *Lexington* angewendet, doch wurde ihre Artillerie, wie die aller Flugzeugträger der Kriegszeit, stetig verstärkt, um Abwehr gegen gegnerische Flugzeuge zu ermöglichen. Die *Lexington* und die *Saratoga* trugen alle Doppeldecker und frühe Eindecker-Kampfflugzeuge der US-Marine; gegen Ende des Krie-

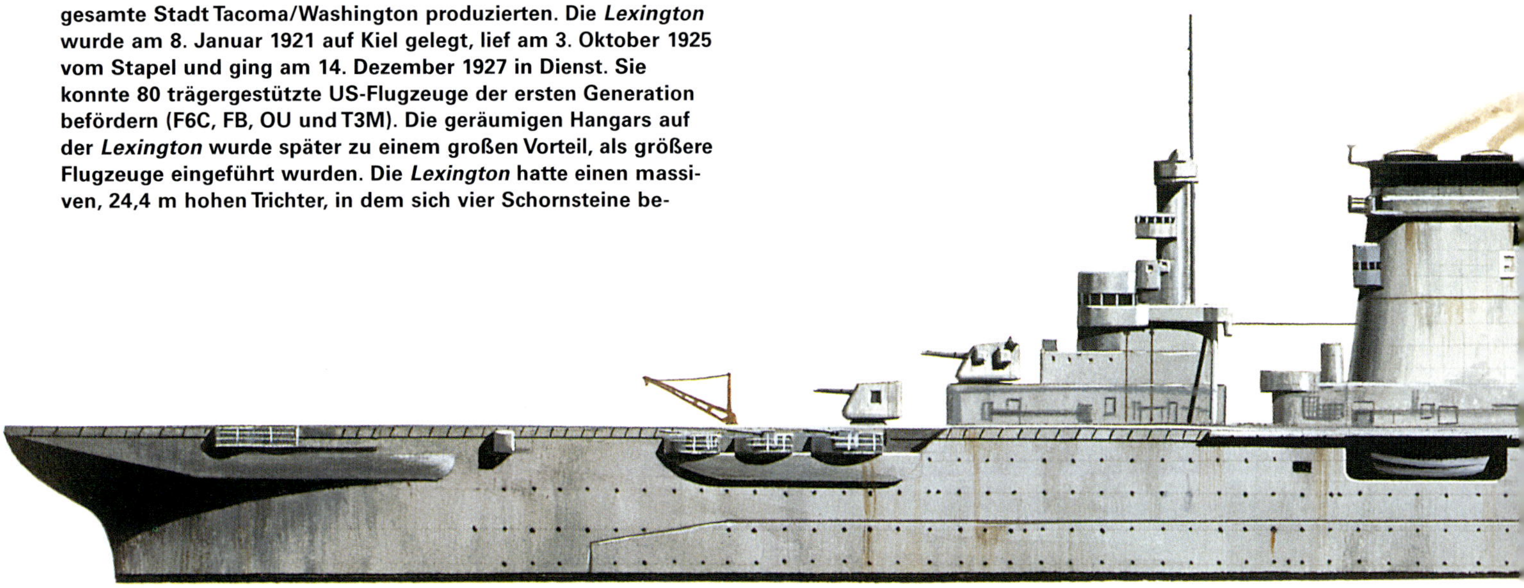

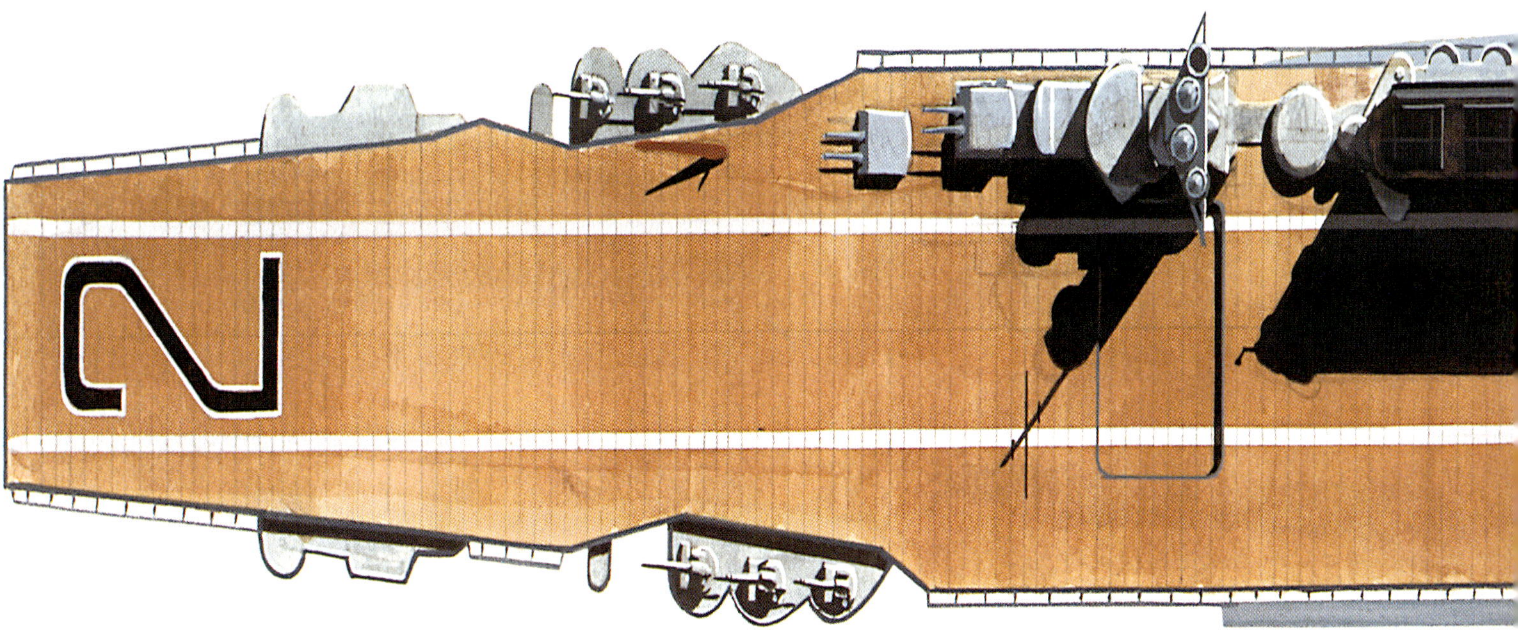

ges beförderte die *Saratoga* 70 F6F-Hellcats und TBM-Avengers. Die *Lexington* wurde bald nach dem Angriff auf Pearl Harbor vor Rabul und Neuguinea gegen japanische Einheiten eingesetzt. Als Teil des 11. Kampfverbandes nahm sie an den Gefechten vor Bougainville auf den Salomonen im Februar 1942 teil. Dabei wurde Leutnant Edward „Butch" O'Hare, der von der *Lexington* aus flog, zum ersten Pilotenhelden der US-Marine im 2. Weltkrieg. Am 10. März führte die *Lexington* einen Überraschungsangriff gegen japanische Ziele bei Salamaua und Lae im Golf von Papua aus. Am 8. Mai 1942 wurde sie von Flugzeugen der *Shokaku* und der *Zuikaku* angegriffen und durch Bomben und Torpedos schwer beschädigt. Brennend und schwer beschädigt wurde die *Lexington* zurückgezogen und durch Torpedos des Zerstörers USS *Phelps* versenkt.

Daten

Verdrängung:	37.681 t normal; 43.055 t voll ausgerüstet
Maße:	Länge 270,7 m; Breite (an der Wasserlinie) 32,1 m; Tiefgang 10,2 m
Antrieb:	16 Yarrow-Kessel mit vier General-Electric-Turbinen mit Getriebewelle, 180.000 PS
Geschwindigkeit:	33,3 Knoten
Panzerung:	Gürtel 127–178 mm; Flugdeck 32 mm
Bewaffnung:	acht 203-mm-Geschütze (später entfernt), 12 127-mm-Geschütze, 48 12,7-mm-Maschinengewehre sowie 63 Flugzeuge (normale Ausstattung)
Besatzung:	2.327
Herkunftsland:	USA

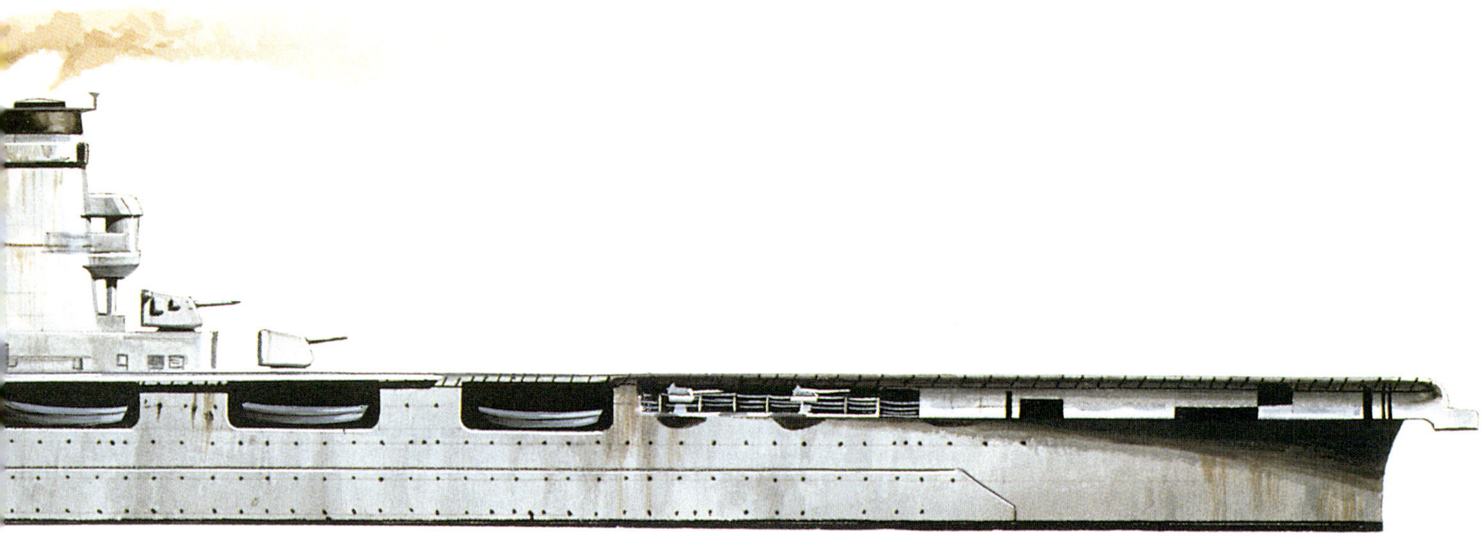

USS *Sangamon* (CVE-26)

Während des 2. Weltkrieges bauten die USA eine Vielzahl leichter Träger und Begleitträger, um den enormen Bedarf nach schiffsgestützter Luftwaffe zu erfüllen. Begleitträger hatten die wichtige Aufgabe, Konvois zu schützen, wurden jedoch, als sich die Bedrohung für Konvois verringerte, wieder aktiven Rollen in Schlachten zugeteilt. Die Begleitträger der US-Marine hatten im Ganzen weniger mit Konvois zu tun als ihre britischen Gegenstücke (besonders im Atlantik). Die Schiffe der *Sangamon*-Klasse waren Begleitträger, deren Inbetriebnahme 1942 von der US-Marine forciert wurde. Die ersten Lieferungen der Begleitträger waren hastig umgebaute C3-Frachtschiffe; die *Sangamons* jedoch wurden aus den Schiffshüllen von T3-Tankern gefertigt. Öltanker wurden damals dringend gebraucht, und die Tatsache, dass vier von ihnen zu Flugzeugträgern umgewandelt wurden, zeigt die vorrangige Bedeutung der Luftwaffe in jener Zeit. Wie die anderen Schiffe ihrer Klasse (USS *Suwannee*, USS *Chenango* und USS *Santee*) besaß auch die USS *Sangamon* (dank ihrer veränderten Grundstruktur) ein längeres Flugdeck und mehr Platz für Hangars als andere Schiffe aus dieser Zeit. Die *Sangamons* waren auch schneller als andere Begleitträger, obwohl sie im Wesentlichen ungepanzert waren und große Öffnungen in der Mitte des Schiffes behielten, für den Fall, dass sie doch einmal die Funktion eines Öltankers übernehmen mussten. Das Flugdeck besaß zwei Aufzüge und ein Startkatapult nach Backbord. Der Gittermast über der Insel war ein SC-Radar. Die USS *Sangamon* konnte bis zu 35 Flugzeuge transportieren, doch belief sich die gewöhnliche Ladung auf 30. Ein normales Geschwader bestand aus F4F-Wildcats oder F6F-Hellcats und TBF-Avengers. Als einzige Begleitträger beförderten die *Sangamons* (manchmal) SBD-Dauntless-Sturzbomber. Auf der USS *Sangamon* wurde die Vought-F4U-Corsair getestet (siehe Abbildung), jedoch ohne Erfolg, sodass die später berühmte Corsair bis zum Dezember 1944 auf keinem US-Träger mehr auftauchte. Die USS *Sangamon* wurde am 13. März 1939 auf Kiel gelegt, lief am 4. November 1939 vom Stapel und kam am 25. August 1942 in Dienst. Im September waren auch ihre drei Schwesterschiffe in Betrieb. Die *Sangamon* konnte gerade noch an der Operation Torch 1942 in Nordafrika teilnehmen, bevor sie endgültig im Pazifik eingesetzt wurde, wo sie als Angriffsträger und später als Transport- und Übungsschiff diente. Durch japanische Bomben 1944 und Kamikaze-Angriffe 1944 und im April 1945 wurde sie irreparabel beschädigt. Nach dem Krieg wurde sie aus dem Dienst genommen und 1948 schließlich abgewrackt.

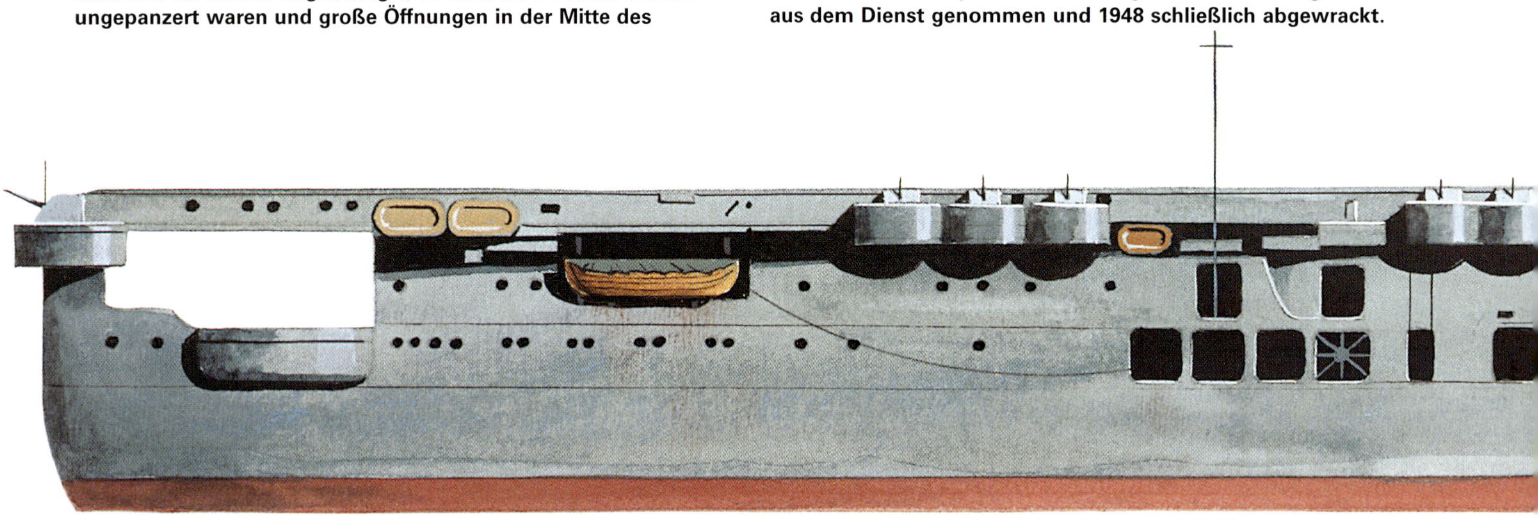

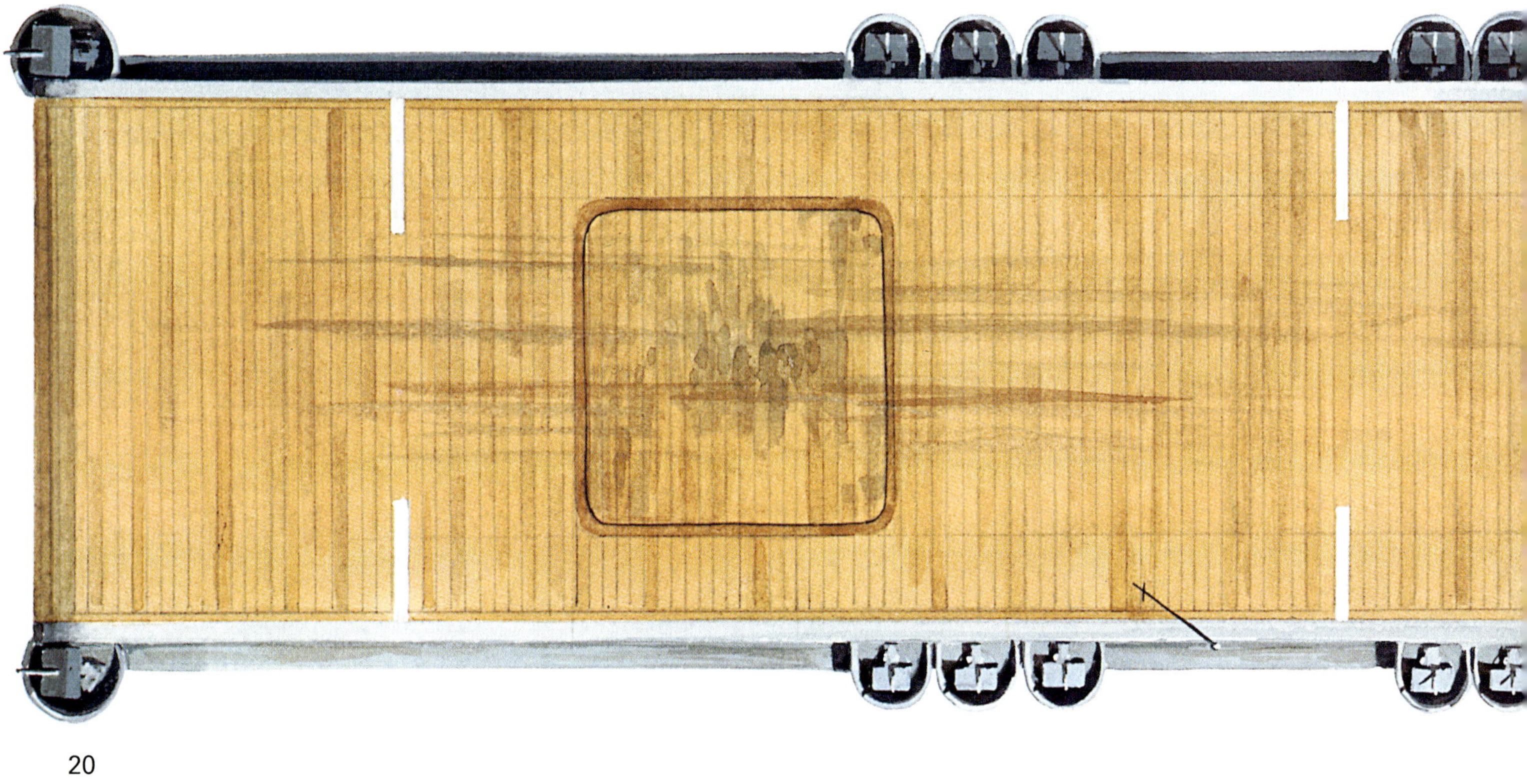

Flugzeugträger

Daten

Verdrängung: 10.494 t normal; 23.875 t voll ausgerüstet
Maße: Länge 168,6 m; Breite (an der Wasserlinie) 22,9 m; Tiefgang 9,3 m
Antrieb: vier Babcock-und-Wilcox-Kessel mit zwei General-Electric-Turbinen mit Getriebwellen, 13.500 PS
Geschwindigkeit: 18 Knoten
Panzerung: keine
Bewaffnung: zwei 127-mm-Geschütze, acht 40-mm-Flugabwehrkanonen, 12 20-mm-Flugabwehrkanonen sowie 30 Flugzeuge
Besatzung: 1.080
Herkunftsland: USA

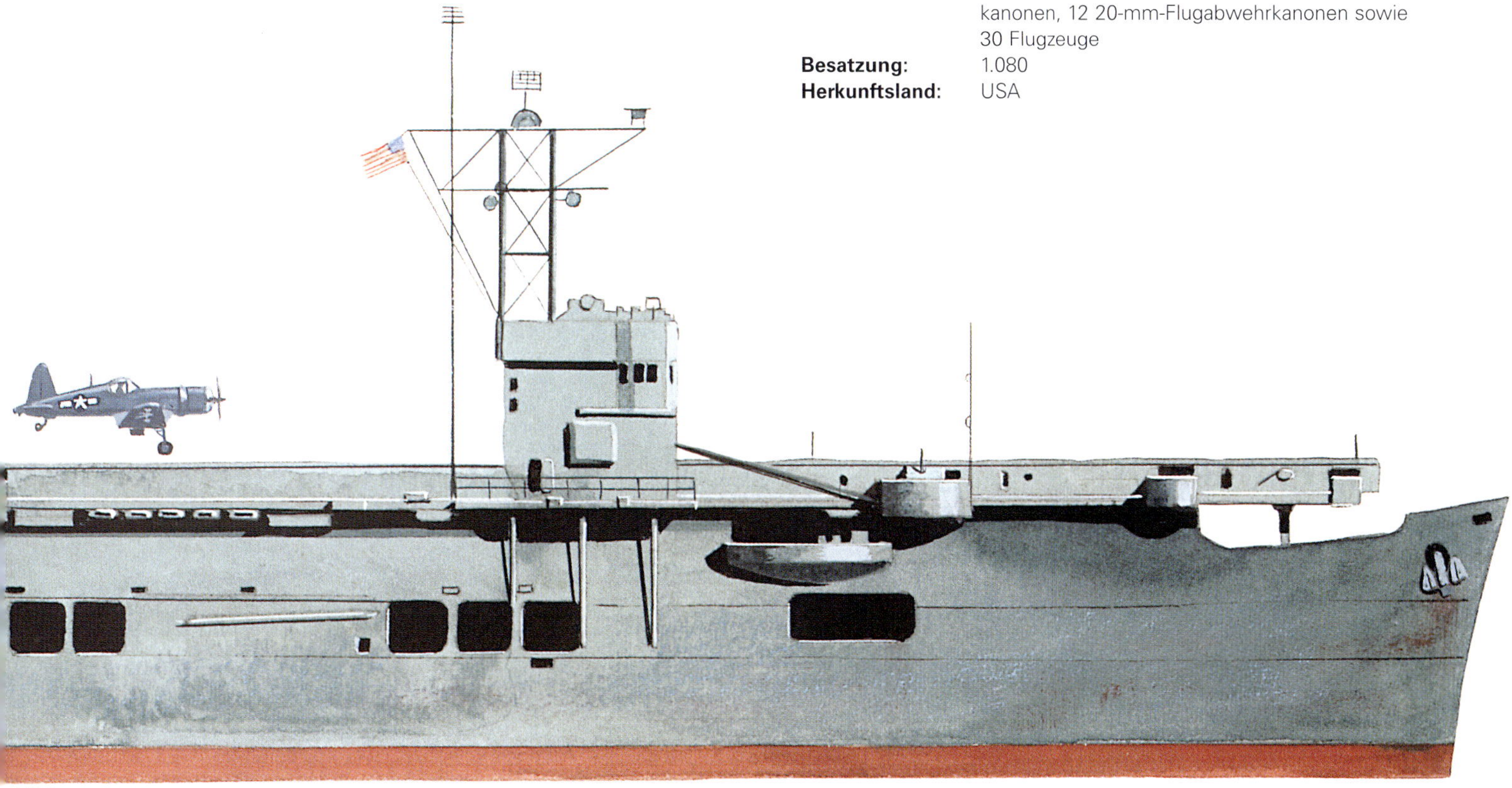

Shinano

Hätte sie jemals in aktivem Dienst gestanden, wäre die *Shinano* der größte Flugzeugträger gewesen, den die japanische Flotte jemals gehabt hätte, und der größte Träger des 2. Weltkrieges noch dazu. Erst mit der atomar angetriebenen USS *Enterprise* (CVN-65) war ein größerer Träger auf See. Bei den frühen Flugzeugträgerschlachten des Krieges wurde der japanischen Marine klar, dass Träger jedem Schlachtschiff überlegen waren, und so wurde alles versucht, um die Zahl der verfügbaren Träger zu erhöhen (besonders nach den Verlusten bei Midway). Mitte 1942 baute Japan drei der mächtigen Schlachtschiffe der *Yamato*-Klasse; das dritte Schiff jedoch existierte erst als Hülle. Aus dem Schlachtschiff *Shinano* wurde alsbald ein großer Flugzeugträger, der den Panzerschutz eines Schlachtschiffes mit einer riesigen Flugzeug- und Kraftstoff-Kapazität verband. Der beabsichtigte 39,9-cm-Panzergürtel wurde auf 20,6 cm verringert, außer an den Magazinen, doch war der Schutz immer noch höher als bei allen anderen Trägern – sogar das Flugdeck hatte eine Panzerung von 76 mm. Durch die enormen Ausmaße der *Shinano* plante man, aus ihr einen Hilfsträger für den Rest der Flotte zu machen. Die *Shinano* konnte bis zu 50 eigene Flugzeuge transportieren und hatte darüber hinaus noch Platz für andere Flugzeuge, Kraftstoff und Vorräte, die zu anderen Trägern geflogen werden konnten. So sollten Japans Träger nicht mehr so oft zum Hafen zurückkehren müssen und konnten länger im Einsatz bleiben. Am 4. Mai 1940 wurde die *Shinano* auf Kiel gelegt; der Stapellauf erfolgte am 8. Oktober 1944. Die japanische Marine bekam jedoch nie eine Gelegenheit, die neue Taktik auszuprobieren. Auf dem Weg nach Kure, wo die Ausrüstung fertig gestellt werden sollte, wurde die *Shinano* am 29. November 1944 von vier Torpedos des U-Boots USS *Archerfish* getroffen. Das Schiff hatte keine Reparaturmannschaften an Board, und der Wassereinbruch konnte nicht aufgehalten werden. Trotzdem dauerte der Untergang der *Shinano* dank ihrer gut geschützten Konstruktion sieben Stunden.

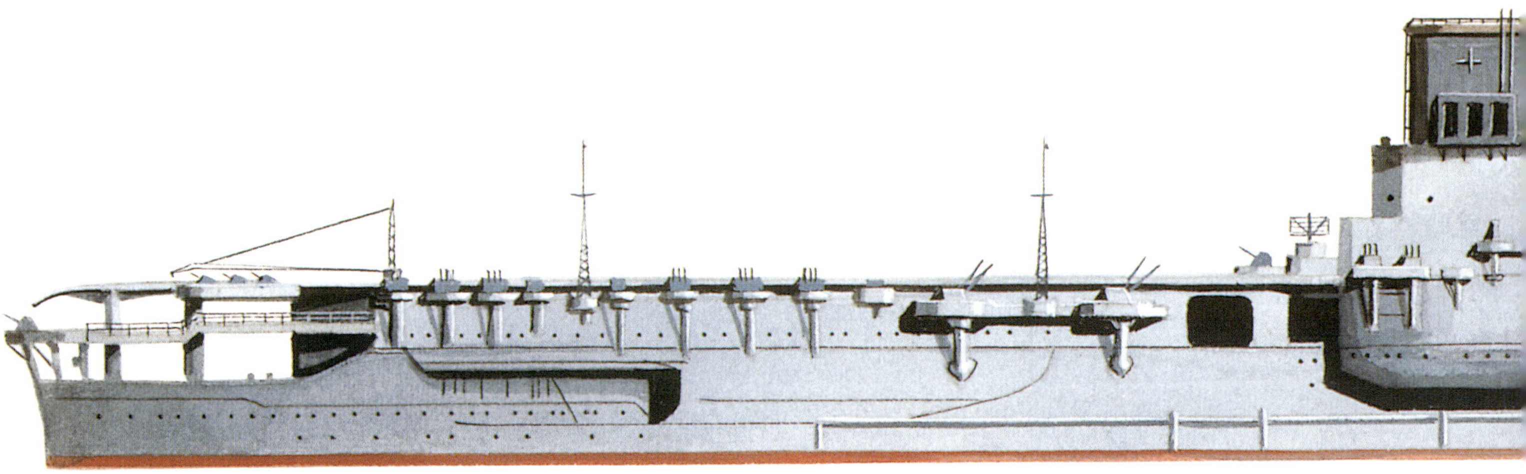

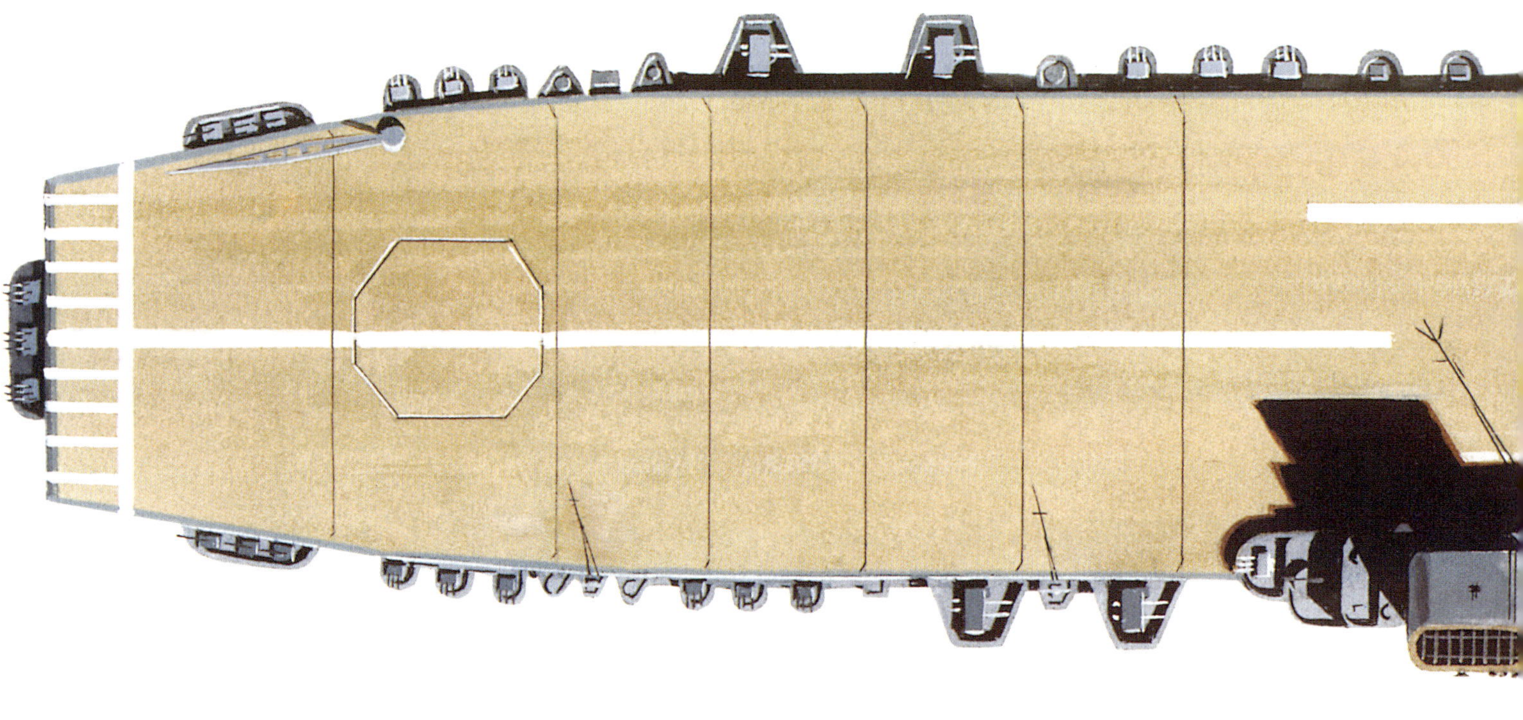

Flugzeugträger

Daten

Verdrängung:	62.000 t normal; 71.890 t voll ausgerüstet
Maße:	Länge 266 m; Breite (an der Wasserlinie) 36,3 m; Tiefgang 10,3 m
Antrieb:	12 Kampon-Kessel mit vier Kampon-Turbinen mit Getriebewelle, 150.000 PS
Geschwindigkeit:	27 Knoten
Panzerung:	Gürtel 205 mm; Flugdeck 78 mm; Hangardeck 190 mm
Bewaffnung:	16 127-mm-Geschütze, 145 25-mm-Flugabwehrkanonen, 12 28-läufige Raketenwerfer sowie 47 Flugzeuge (normale Ausstattung)
Besatzung:	2.400
Herkunftsland:	Japan

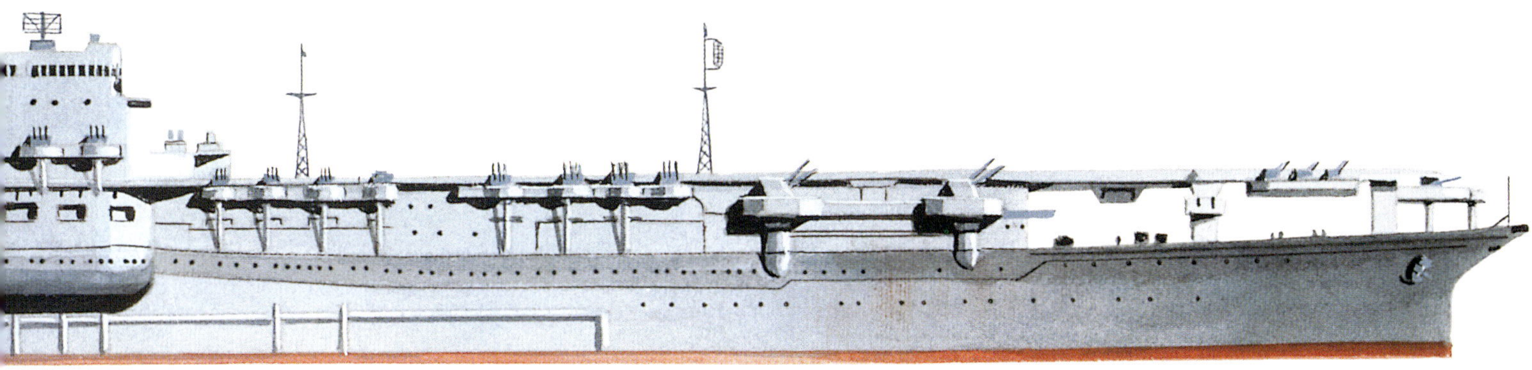

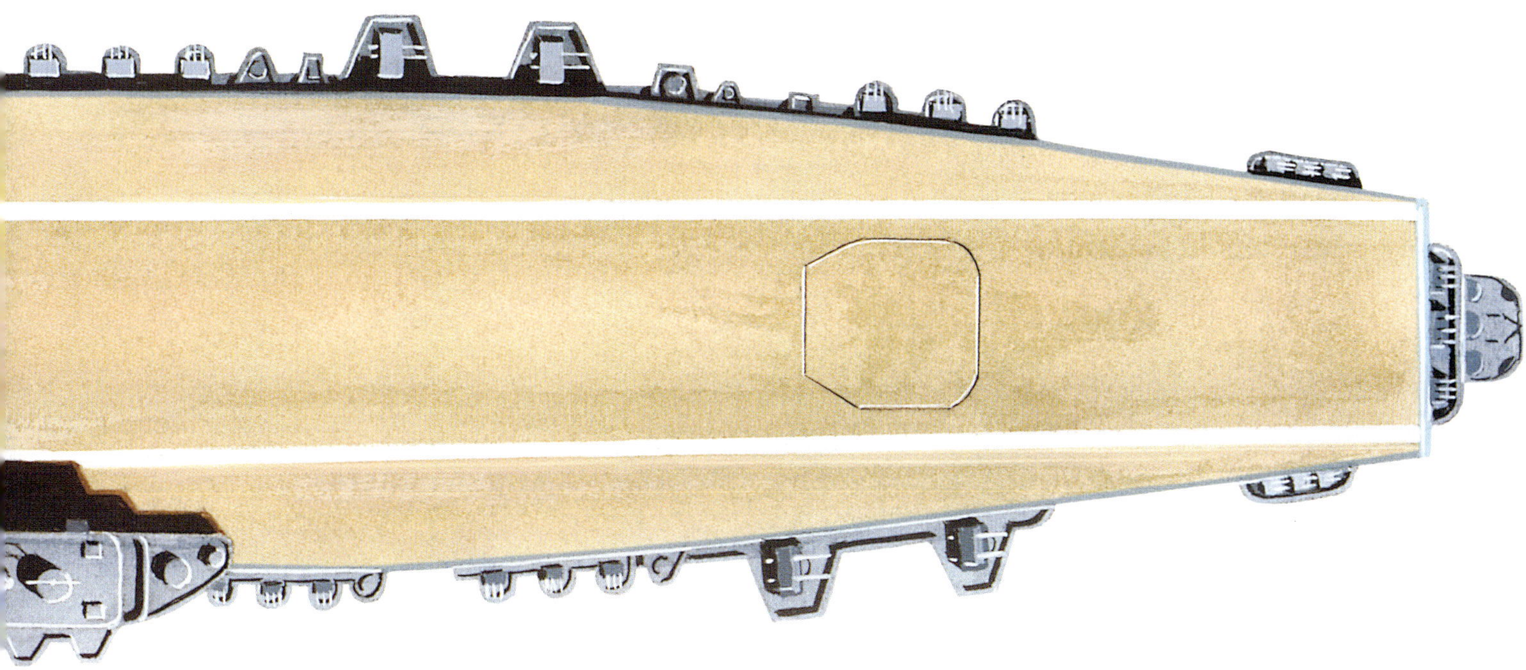

Taiho

Die *Taiho* und ihre geplanten Schwesterschiffe stellten in der japanischen Flugzeugträger-Entwicklung einen bedeutenden Schritt nach vorne dar. Doch als die *Taiho* vom Stapel lief, war Japan im Pazifik bereits ins Hintertreffen geraten, und neue Flugzeugträger konnten den Kriegsverlauf auch nicht mehr aufhalten. Die *Taiho* war Japans größtes und modernstes Kriegsschiff im 2. Weltkrieg und wies einige Eigenschaften auf, die neu für japanische Schiffe waren. Dazu gehörte auch ein gepanzertes Flugdeck mit einer 76 mm starken Platte, die unter entsprechenden Umständen den Einschlag einer 453-kg-Bombe aushalten konnte. Das Flugdeck der *Taiho* war auch länger als das aller anderen Träger der japanischen Flotte. Manches in ihrer Konstruktion erinnert an britische Vorbilder, etwa die langen, zweistöckigen, gepanzerten Flugzeughangars. Diese Hangars waren nach oben und unten gut geschützt, nicht jedoch nach der Seite; demzufolge stellten sie keinen voll geschützten „Kasten" dar wie etwa bei der HMS *Illustrious*. Der Körper der *Taiho* war bis zum Flugdeck gepanzert – ein für japanische Schiffe einzigartiges Merkmal, das bei britischen Flugzeugträgern bereits die Regel war. Auf Kiel gelegt wurde die *Taiho* am 10. Juli 1941, vom Stapel lief sie am 7. April 1943, und die Inbetriebnahme erfolgte am 7. März 1944. Das offizielle Geschwader des Schiffes wurde bei 60 Flugzeugen veranschlagt, obwohl die Hangars Platz für bis zu 75 boten. Ein paar Wochen nach ihrer ersten Testkreuzfahrt wurde die *Taiho* in der Schlacht im Philippinenmeer versenkt. Am 19. Juni 1944 wurde sie von Torpedos des U-Boots *Albacore* getroffen und durch eine Explosion, verursacht durch Treibstoffdämpfe, ein paar Stunden später in die Luft gesprengt.

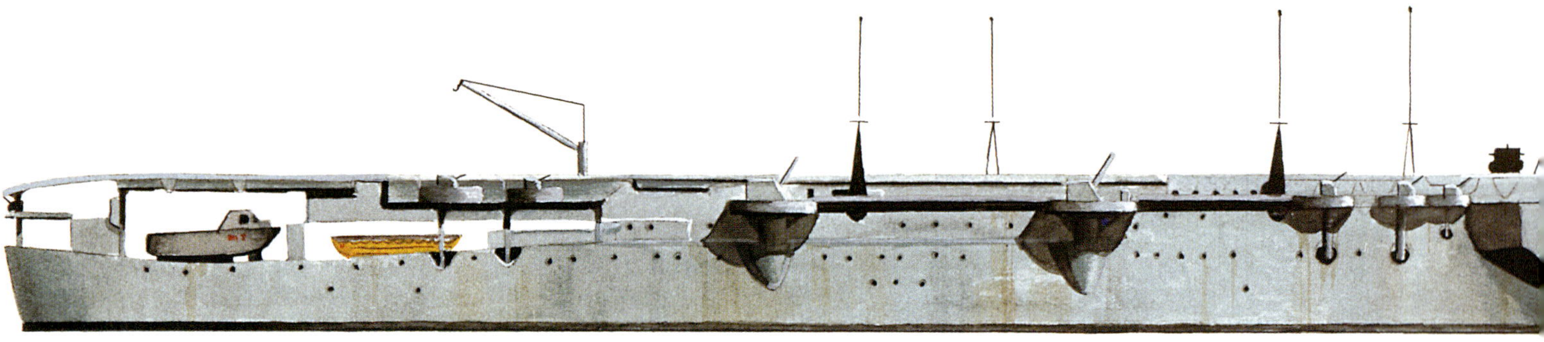

Flugzeugträger

Daten

Verdrängung:	29.300 t normal; 37.270 t mit Wasserbomben
Maße:	Länge 260 m; Breite (an der Wasserlinie) 30 m; Tiefgang 9,6 m
Antrieb:	acht Kampon-Kessel, daran Turbinen mit Getriebewelle, 160.000 PS
Geschwindigkeit:	33 Knoten
Panzerung:	Gürtel 55 mm (Motor), 150 mm (Magazine), Flugdeck 77 mm, unteres Hangardeck 124 mm
Bewaffnung:	12 100-mm-Geschütze, 71 25-mm-Flugabwehrkanonen sowie 60 Flugzeuge (normale Ausstattung)
Besatzung:	1.751
Herkunftsland:	Japan

USS *Wasp* (CV-7)

Die USS *Wasp* entstand aus dem Washingtoner Abkommen von 1922, das die Gesamttonnage jeder Flotte der Welt begrenzte. Nachdem die US-Marine die Flugzeugträger USS *Yorktown* und *Enterprise* 1934 auf Kiel gelegt hatte, waren laut Abkommen immer noch 15.000 Tonnen übrig. Mit dem Bau der USS *Wasp* sollten diese restlichen Tonnen verbraucht werden. Dabei wollte man sie mit möglichst vielen Merkmalen der *Yorktown*-Klasse ausstatten. Das Ergebnis war ein misslungener Kompromiss. Die *Wasp* war viel kleiner (15.000 Tonnen, verglichen mit 20.000 Tonnen), also verkleinerte man die Maschinen, um die erforderliche Anzahl von Flugzeugen unterbringen zu können, und die Panzerung wurde auf ein Minimum reduziert. Als die *Wasp* in Betrieb war, sollte ihr Schutz verbessert werden – besonders die Panzerung gegen Torpedos –, doch kam es nicht dazu. Auch existierten Pläne, ein zweites Flugdeck einzurichten und die Flugzeuge vom Hangardeck aus starten zu lassen, doch füllten die Katapultaufbauten bald den verfügbaren Platz aus. Unter dem Flugdeck gab es noch freien Platz, der jedoch bei schlechtem Wetter abgeriegelt werden musste. Am 1. April 1936 wurde die *Wasp* auf Kiel gelegt; der Stapellauf erfolgte am 4. April 1939, die Inbetriebnahme fand am 25. April 1940 statt. Anfangs bestand ihre Fluggruppe aus vier Staffeln: einer Jäger-, einer Sturzbomber- und zwei Aufklärungsbomber-Einheiten. Die *Wasp* war nicht für Torpedoladungen eingerichtet und transportierte daher bis zum August 1942 keine Torpedobomber. Diese kamen erst wenige Wochen, bevor sie versenkt wurde, hinzu. Die *Wasp* war zu Kriegsbeginn bei der US-Atlantikflotte im Einsatz. 1942 spielte sie bei der Unterstützung Maltas eine wesentliche Rolle. Zweimal flog sie zu der Insel, um 100 Spitfires abzuliefern. Danach wurde die *Wasp* in den Pazifik entsandt, um an den Angriffen auf Guadalcanal im Juni 1942 teilzunehmen. Dort wurde sie am 15. September 1942 von dem japanischen U-Boot *I-19* torpediert. Als der Träger in Brand geriet, wurde er von der Besatzung aufgegeben und durch weitere Torpedos von dem Zerstörer USS *Lansdowne* versenkt. Ihr mangelnder Unterwasserschutz wurde der *Wasp* zum Verhängnis.

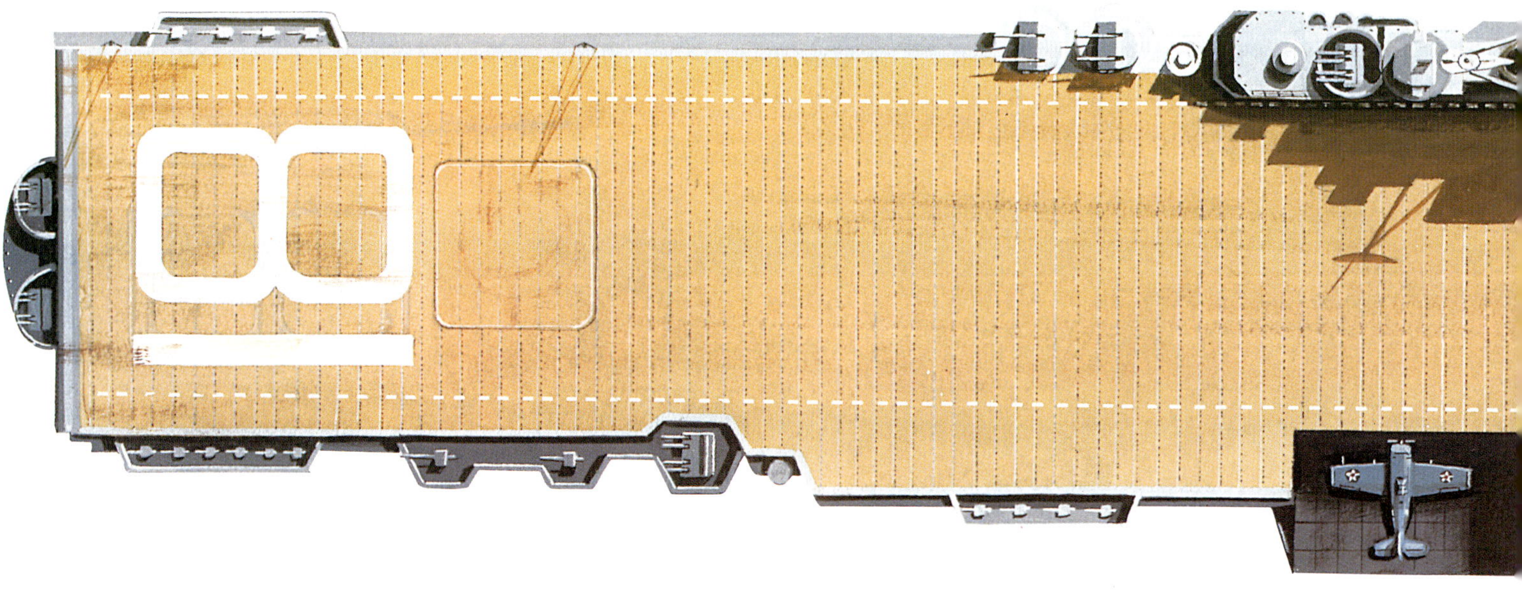

Daten

Verdrängung:	14.700 t normal; 18.450 t voll ausgerüstet
Maße:	Länge 219,5 m; Breite (an der Wasserlinie) 24,9 m; Tiefgang 7,1 m
Antrieb:	sechs Yarrow-Kessel mit zwei Parsons-Turbinen mit Getriebewelle, 70.000 PS
Geschwindigkeit:	29,5 Knoten
Panzerung:	Gürtel 16 mm; Flugdeck 31 mm
Bewaffnung:	acht 127-mm-Geschütze, 16 28-mm-Geschütze, 25 12,7-mm-Maschinengewehranlagen sowie 76 Flugzeuge (normale Austattung)
Besatzung:	2.167
Herkunftsland:	USA

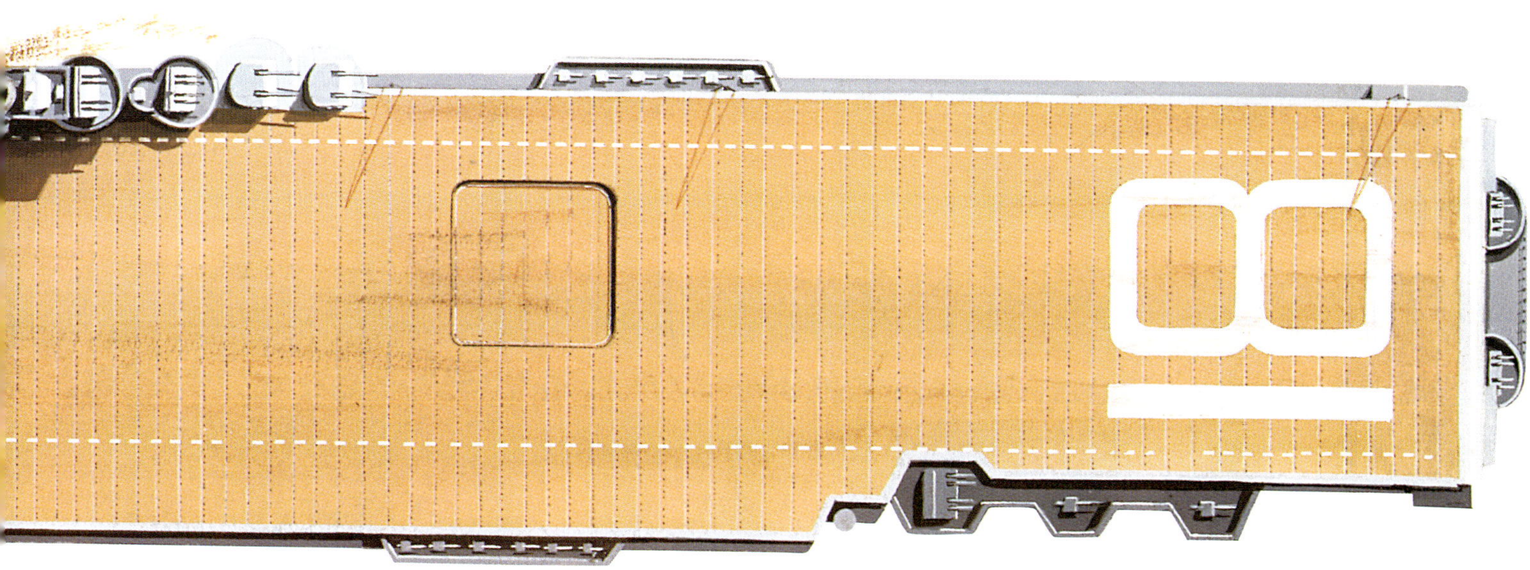

USS *Yorktown* (CV-5)

Als führendes Schiff ihrer Klasse war die USS *Yorktown* der erste moderne Flugzeugträger der US-Marine vor dem 2. Weltkrieg. Zusammen mit ihren Schwesterschiffen – der USS *Enterprise* (CV-6) und der USS *Hornet* (CV-8), die vier Jahre nach den ersten beiden gebaut wurde – wurde die *Yorktown* zu einem der berühmtesten amerikanischen Flugzeugträger. Von Anfang an waren die *Yorktown*s als große Schiffe geplant, die größten, die unter dem Washingtoner Abkommen noch erlaubt waren. Die Flugzeughangars der *Yorktown* waren als leichtgewichtige Inseln mit offenen Seiten konstruiert. So konnten die Flugzeuge vor dem Start ihre Motoren aufwärmen, ohne alles mit Abgasen zu verpesten. Dadurch konnte die *Yorktown* auch leichter auf See betankt und mit Vorräten beliefert werden. Weder die Hangars noch das Flugdeck waren gepanzert: Das Deck war aus Holz. Die *Yorktown* war mit zwei Hauptkatapulten auf dem vorderen Flugdeck sowie drei Flugzeugaufzügen ausgestattet. Sie wurde am 21. Mai 1934 auf Kiel gelegt, lief am 4. April 1936 vom Stapel und wurde am 30. September 1937 in Betrieb genommen. Die Konstruktion war gedacht für 18 F2Fs, 36 TBDs und 37 BTs oder SBCs (plus fünf weitere Flugzeuge), doch lief die *Yorktown* selten mit mehr als 80 Flugzeugen aus. 1942, als die *Yorktown* in den Pazifik entsandt wurde, baute man ein neues Radarsystem und noch mehr Flugabwehrkanonen ein. Anfang 1942 griffen ihre Flugzeuge japanische Ziele auf und um Neuguinea an. Im darauf folgenden Mai trugen die Flugzeuge der *Yorktown* zum Versenken des japanischen Flugzeugträgers *Shoho* bei und beschädigten die *Shokaku* im Korallenmeer. Dabei wurde die *Yorktown* ebenfalls beschädigt, konnte jedoch rechtzeitig zur Schlacht von Midway repariert werden. Am 4. Juni 1942 setzten ihre Flugzeuge den japanischen Flugzeugträger *Soryu* außer Gefecht, wobei die *Yorktown* selbst jedoch schwer von japanischen Flugzeugen angegriffen und beschädigt wurde. Mit erheblichen Schäden und im Schlepptau wurde die *Yorktown* zwei Tage später von dem japanischen U-Boot *I-168* torpediert und versank am folgenden Tag, dem 7. Juni 1942.

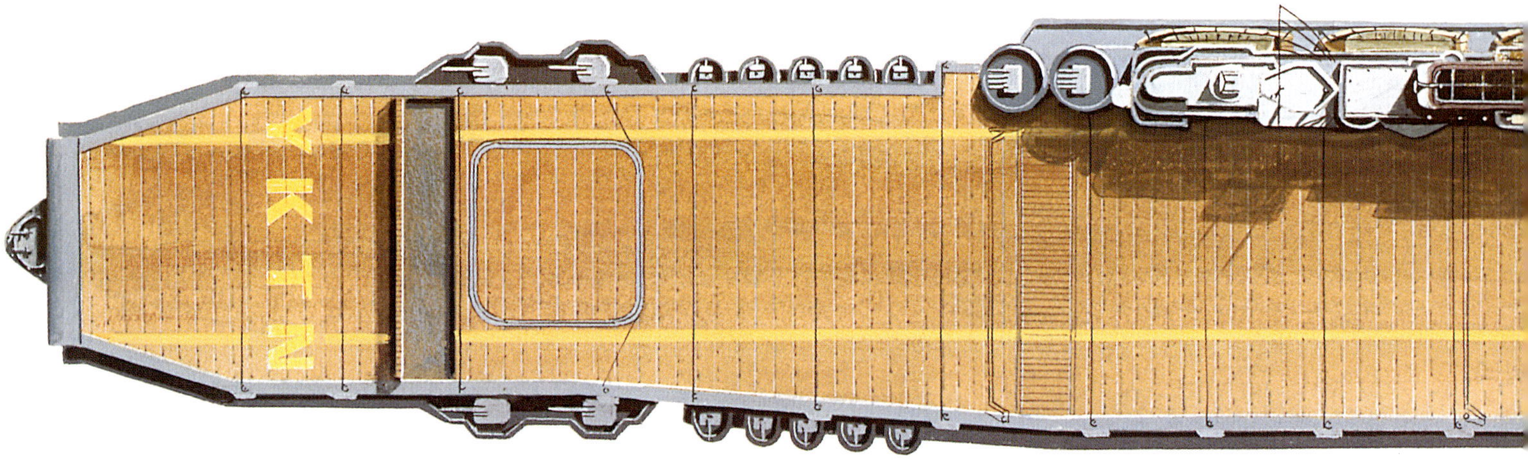

Flugzeugträger

Daten

Verdrängung:	19.875 t normal; 25.484 t voll ausgerüstet
Maße:	Länge 246,6 m; Breite (an der Wasserlinie) 25,4 m; Tiefgang 7,9 m
Antrieb:	neun Babcock-und-Wilcox-Kessel mit vier Parsons-Turbinen mit Getriebewellen, 120.000 PS
Geschwindigkeit:	32,5 Knoten
Panzerung:	Gürtel 63–102 mm; Panzerdeck 38 mm; Schotten 102 mm
Bewaffnung:	acht 127-mm-Geschütze, 16 28-mm-Geschütze, 24 12,7-mm-Maschinengewehranlagen sowie 80 Flugzeuge (normale Ausstattung)
Besatzung:	2.175
Herkunftsland:	USA

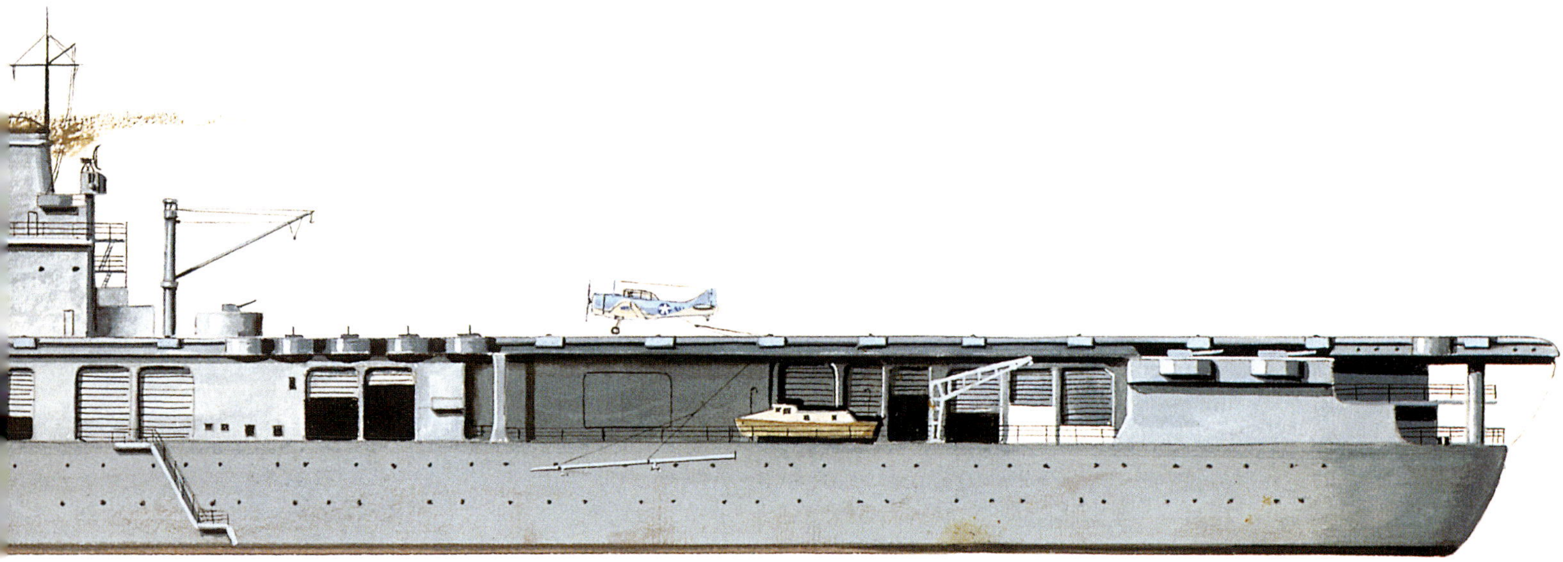

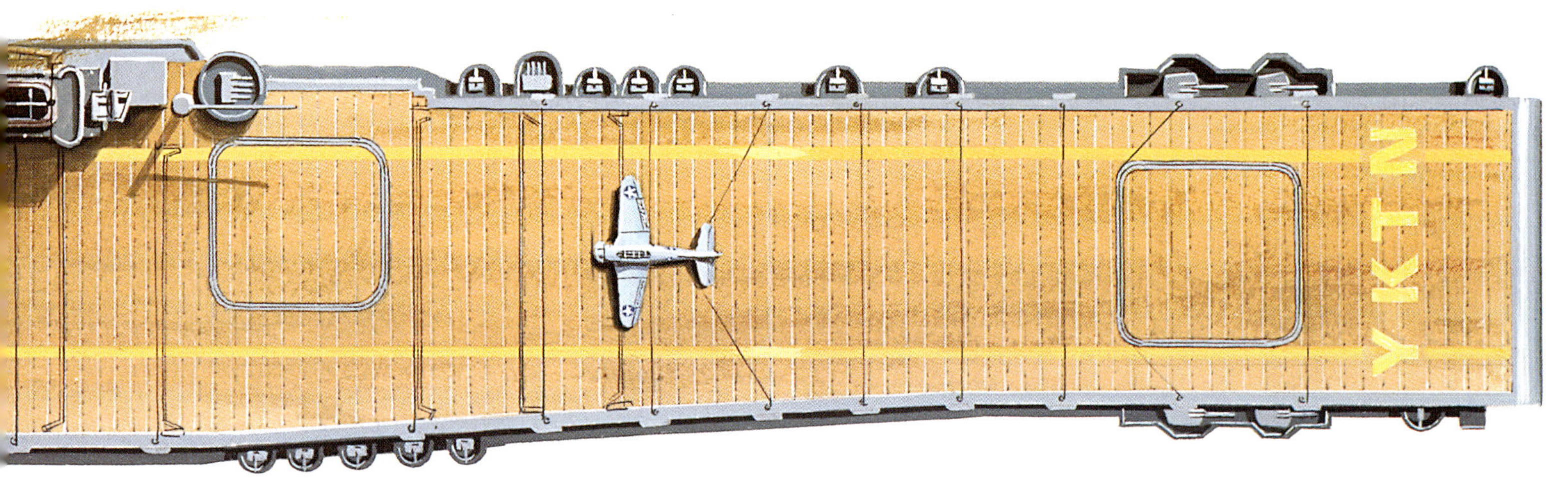

Zuiho

Im Rahmen eines Programms zum Schiffsbau, das an den Bestimmungen des Washingtoner Abkommens vorbeilief, baute Japan zwei Depotschiffe für U-Boote, die *Takasaki* und die *Tsurugisaki*, die im Kriegsfall zu Öltankern oder kleinen Flugzeugträgern umgewandelt werden konnten. Die *Tsurugisaki* (die zuerst auf Kiel gelegt wurde) wurde als Depotschiff gebaut, die *Takasagi* jedoch wurde noch in der Werft zum Flugzeugträger umfunktioniert. Bei dieser Gelegenheit bekam sie den Namen *Zuiho*. Ihr Schwesterschiff wurde zum Flugzeugträger *Shoho*. Wegen ihrer unterschiedlichen Entwicklungsgeschichte werden die beiden Träger in den geschichtlichen Quellen mal zur *Zuiho*- und mal zur *Shoho*-Klasse gezählt – die *Zuiho* wurde zwar zuerst gebaut, doch die *Shoho* war der erste Flugzeugträger. Die *Zuiho* wurde am 20. Juni 1935 (sechs Monate nach der *Shoho*) auf Kiel gelegt, lief am 19. Juni 1936 vom Stapel und kam am 27. Dezember 1940 in Dienst. Als Begleitschiffe für U-Boote besaßen die beiden Schiffe bereits einen Wasserflugzeug-Hangar, der für ihre neue Funktion einfach erweitert wurde. Für eine höhere Geschwindigkeit wurde die Motorisierung erneuert. Zwei Aufzüge wurden am Flugdeck eingerichtet, auf den Bau einer Insel wurde verzichtet, und der Schornstein neigte sich im üblichen japanischen Stil zu einer Seite. Die *Shoho* ging früh verloren, als sie bei der Schlacht im Korallenmeer kenterte. Die *Zuiho* hatte eine längere Karriere. Begonnen hatte sie den Krieg mit der Invasion Ostindiens 1942. Flugzeuge von der USS *Enterprise* griffen sie im Oktober 1942 an und beschädigten sie, was jedoch repariert werden konnte. Später, zwischen Dezember 1942 und Juni 1943, wurde sie bei den Feldzügen bei Guadalcanal und den Marianeninseln eingesetzt, dabei jedoch in den Schlachten am Golf von Leyte versenkt. Am 25. Oktober schloss die 38. Kampfeinheit der US-Marine am Kap Engaño mit der *Zuiho* auf und setzte den japanischen Hoffnungen mit einer Serie von Torpedo- und Bombentreffern ein Ende.

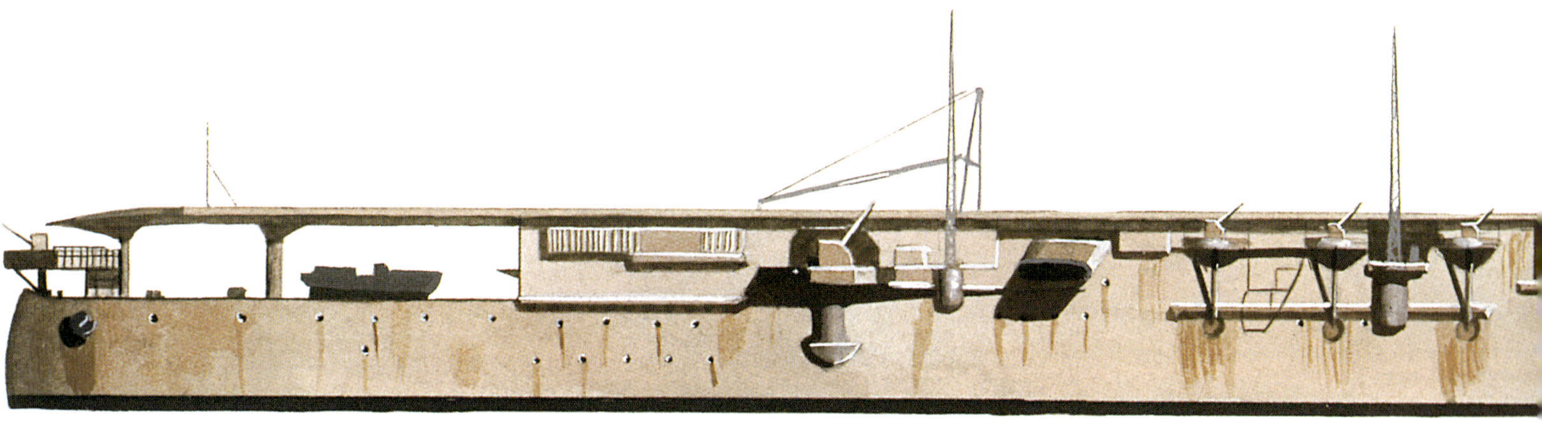

Flugzeugträger

Daten

Verdrängung:	11.262 t normal; 13.730 t voll ausgerüstet
Maße:	Länge 204,8 m; Breite (an der Wasserlinie) 18,2 m; Tiefgang 6,7 m
Antrieb:	vier Kampon-Kessel mit zwei Turbinen mit Getriebewellen, 52.000 PS
Geschwindigkeit:	28 Knoten
Panzerung:	keine
Bewaffnung:	acht 127-mm-Geschütze, acht 25-mm-Geschütze sowie 30 Flugzeuge (normale Ausstattung)
Besatzung:	785
Herkunftsland:	Japan

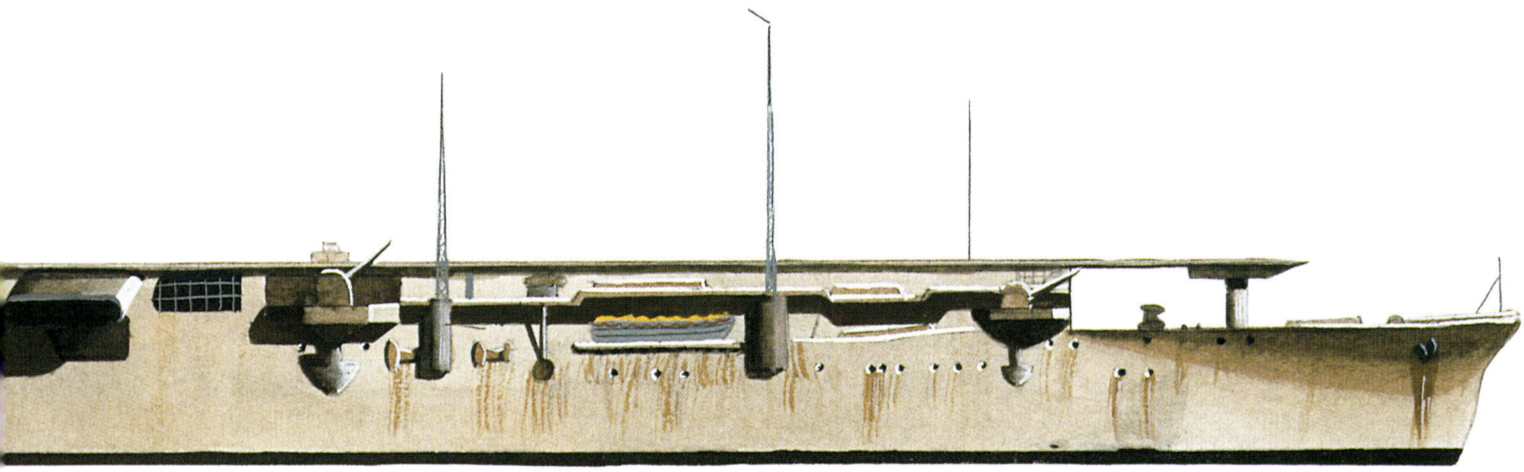

Admiral Graf Spee

Der deutschen Marine wurden durch den Versailler Vertrag von 1919 große Beschränkungen auferlegt. Sie durfte keine Großkampfschiffe mehr bauen und auch keine Hochseeflotte mehr aufstellen. Erlaubt waren nur Schiffe unter 10.000 Tonnen mit 280-mm-Geschützen. Mit diesen Beschränkungen, so dachten die Alliierten, würde Deutschland seine Einsätze auf das Baltikum beschränken müssen und könnte keine wirkliche Bedrohung mehr darstellen. Die deutschen Pläne der späten 20er Jahre sahen jedoch anders aus. Mit neuen Fertigungstechniken wie elektrischem Schweißen und dem Einsatz von Dieselmotoren war es möglich, kleinere, schnellere und wirkungsvollere Kriegsschiffe zu bauen, als man bisher für möglich gehalten hatte. Trotz ihrer leichten Panzerung stellten sie bei der Verfolgung von Handelsschiffen eine ernste Bedrohung für den Schiffsverkehr dar. Für die deutsche Kriegsmarine waren dies Panzerschiffe, doch in der übrigen Welt hießen sie „Westentaschen-Schlachtschiffe“. Die ersten dieser Art bildeten die *Deutschland*-Klasse, die eigentlich aus schweren Kreuzern bestand. Die drei Schiffe der Klasse waren größer als in den Vertragsklauseln erlaubt, etwa 12.000 Tonnen, und hatten 280-mm-Geschütze. Auf die *Deutschland*-Klasse folgten fünf größere Panzerschiffe der *Hipper*-Klasse. In den drei Jahren, bevor die *Admiral Graf Spee* entstand, wurden die *Admiral Scheer* und die *Deutschland* gebaut. Die *Admiral Graf Spee* wurde am 1. Oktober 1932 auf Kiel gelegt, lief am 30. Juni 1934 vom Stapel und kam am 6. Januar in Dienst. Bald nach Kriegsausbruch wurden alle drei Schiffe eingesetzt; die *Graf Spee* wurde am 21. August 1939 in den Südatlantik entsandt. Schon wenige Monate nach Deutschlands Kriegserklärung hatte die *Graf Spee* eine Spur der Verwüstung in den Atlantik-Konvois hinterlassen und zahlreiche Schiffe versenkt. Die britische Marine setzte die Kreuzer *Exeter, Achilles* und *Ajax* auf sie an. Den drei kleineren Kreuzern – die der *Graf Spee* weit unterlegen waren –, gelang es, den deutschen Kreuzer in der Mündung des Rio de la Plata bei Montevideo in Uruguay zu beschädigen. Der deutsche Kommandant ließ sich vom britischen Nachrichtendienst überzeugen, dass eine weitaus größere Schiffsmacht seine Rückkehr erwartete. Daraufhin zog er sein Schiff zurück und versenkte es am 17. Dezember 1939 selbst. Hitler benannte im Nachhinein die *Deutschland* zur *Lützow* um.

Daten

Verdrängung:	11.700 t normal; 16.200 t mit Tiefladung
Maße:	Länge 186 m; Breite (an der Wasserlinie) 21,6 m; Tiefgang 7,4 m
Antrieb:	acht Zweitakt-MAN-Dieselmotoren mit Doppelzündung, drei Getriebewellen und neun Zylindern, 54.000 PS
Geschwindigkeit:	28 Knoten
Panzerung:	Gürtel 76–57 mm; Deck 38 mm; Torpedoschotten 44–38 mm; Türme 140–82 mm
Bewaffnung:	acht 280-mm-Hauptgeschütze, acht 152-mm-Nebengeschütze, sechs 105-mm-Geschütze, acht 37-mm-Flugabwehrkanonen, sechs 20-mm-Flugabwehrkanonen, acht 533-mm-Torpedorohre sowie zwei Flugzeuge
Besatzung:	619–1.150
Herkunftsland:	Deutschland

Bismarck

Nach Hitlers Machtergreifung begann man im Geheimen mit dem Bau neuer Schiffe, und als die Kriegspläne Gestalt annahmen, wurde Ende der 30er Jahre ein umfangreicher Plan zur Vergrößerung der Marine umgesetzt. Dieser sah den Bau von acht Schlachtschiffen, fünf Schlachtkreuzern, vier Flugzeugträgern und 12 kleineren Kreuzern vor. Die führenden Schiffe waren die *Bismarck* und die *Tirpitz*. Das englisch-deutsche Marineabkommen von 1935 erlaubte Deutschland den Bau von zwei 35.000-Tonnen-Schlachtschiffen, doch wurden die *Bismarck* und die *Tirpitz* heimlich viel größer gebaut. Die Grundgestalt der *Bismarck* ging im Wesentlichen auf Deutschlands Schiffe der *Baden*-Klasse aus dem 1. Weltkrieg zurück, und viele veraltete Merkmale jener Schiffe fanden sich in den neuen wieder. Einige wichtige Bereiche wie das Steuergerät, die Funkanlage und andere Kommunikationsanlagen blieben nahezu ungeschützt. Auch die Geschütze der *Bismarck* waren nicht besonders gut; viele funktionierten überhaupt nicht. Trotzdem sollte die *Bismarck* für Überwasserangriffe eingesetzt werden und nicht für direkte Gefechte mit der britischen Marine. Dafür war sie ausgezeichnet geeignet. Sie war gut konstruiert und im Ganzen gut bewaffnet mit modernen und wirksamen Geschützrichtanlagen und sechs schiffsgestützten Aufklärern vom Typ Arado Ar 196. Ihre 381-mm-Hauptwaffen entsprachen denen französischer und italienischer Kampfschiffe. Die *Bismarck* wurde am 1. Juni 1936 auf Kiel gelegt, lief am 14. Februar 1939 vom Stapel und kam am 24. August 1940 in Dienst. Im Mai 1941 war sie im Nordatlantik im Einsatz, zusammen mit dem Kreuzer *Prinz Eugen*, doch war ihr erster Vorstoß im Krieg gleichzeitig ihr letzter. Als die britische Marine ihr auf den Fersen war, hatte die *Bismarck* noch keinen einzigen alliierten Konvoi gesichtet. Verfolgt von der britischen Flotte, versenkte die *Bismarck* den Schlachtkreuzer HMS *Hood*, obwohl sie in ihrer Ausrüstung unterlegen war. Die *Hood* explodierte nach einer Salve der *Bismarck* – von der 1.150 Mann starken Besatzung überlebten nur drei. Die *Bismarck* versuchte, nach Frankreich zu fliehen, wurde jedoch entdeckt und von Swordfish-Flugzeugen von der HMS *Ark Royal* torpediert. Dabei wurde auch das Steuer der *Bismarck* beschädigt – einer der größten Schwachpunkte des Schiffes. Schließlich wurde die *Bismarck* von den Schlachtschiffen HMS *King George V* und HMS *Rodney* gestellt. Versenkt wurde sie schließlich am 27. Mai 1941 durch Torpedos vom Kreuzer HMS *Dorsetshire*. Der Verlust der *Bismarck* hatte schwere Konsequenzen für den Rest der kleinen deutschen Überwasserflotte, deren Bedeutung im Krieg daraufhin schwand.

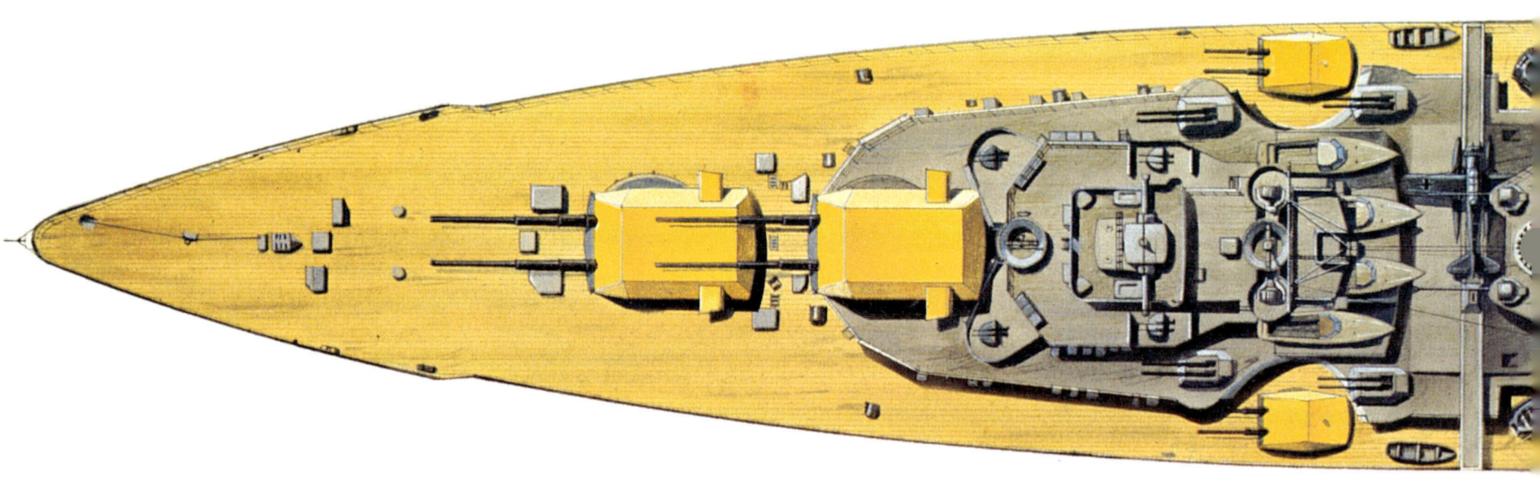

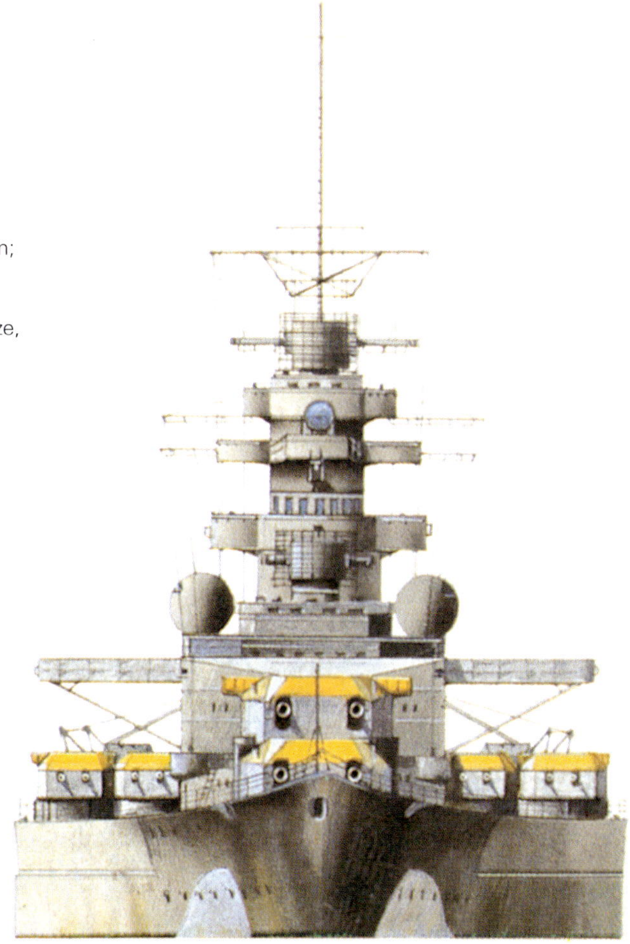

Daten

Verdrängung: 41.700 t normal; 50.900 t mit Wasserbomben
Maße: Länge 248 m; Breite (an der Wasserlinie) 36 m; Tiefgang 8,7 m
Antrieb: 12 Wagner-Kessel, daran drei Blohm-&-Voss-Turbinen mit Getriebewellen, 138.000 PS
Geschwindigkeit: 29 Knoten
Panzerung: Gürtel 317–266 mm; Deck 50 mm; Panzerdeck 119–89 mm; Torpedoschotten 44 mm; schräge Seiten 102 mm; Haupttürme 368–178 mm; Nebentürme 102–38 mm
Bewaffnung: acht 381-mm-Hauptgeschütze, 12 152-mm-Nebengeschütze, 16 105-mm-Geschütze, 15 37-mm-Flugabwehrkanonen, 12 20-mm-Flugabwehrkanonen sowie vier bis sechs Flugzeuge
Besatzung: 2.092
Herkunftsland: Deutschland

Dunkerque

Die *Dunkerque* war ein Produkt des übereilten französischen Schiffsbauprogramms der frühen 30er Jahre und enthielt einige neue Entwurfskonzepte. Nach einer längeren Periode der Untätigkeit zwischen den Kriegen wurde Frankreich durch die deutschen Expansionspläne dazu gedrängt, die eigene Marine zu verstärken. Die Schiffe der *Dunkerque*-Klasse waren die französische Antwort auf Deutschlands Kreuzer der *Deutschland*-Klasse. Die *Dunkerque* und ihr Schwesterschiff, die *Strasbourg*, waren als Schlachtschiffe geplant, doch wurden sie auf Grund ihrer schnellen, leicht gepanzerten Gestalt Schlachtkreuzer oder schnelle Schlachtschiffe genannt. Ihrem Modell folgten andere Schiffe, vor allem in Europa. Die Grundgestalt der *Dunkerque* war von der britischen *Nelson*-Klasse inspiriert; alle 330-mm-Hauptgeschütze waren nach vorne ausgerichtet, in Vierlingstürmen und einer Turmbrücke. Der Vorteil der Ausrichtung der Hauptgeschütze nach vorne lag darin, dass die Magazine an einem Ort gelagert waren, was Gewicht sparte. Trotzdem beschränkte es den Gesamtfeuerradius des Schiffes, und die Türme konnten durch einen einzigen Treffer gefechtsunfähig gemacht werden. Um dieses Risiko zu verringern, waren die Türme räumlich gut aufgeteilt. Die *Dunkerque* war nicht schwer gepanzert und sollte einem aus einer Entfernung von 16 km abgefeuerten 280-mm-Geschoss widerstehen können. Der Schutz vor Torpedos war wichtiger, und der Schlachtkreuzer wurde mit einer Schicht von Unterwasserdepots aus Kraftstoff, Luft und einer Gummimischung ausgestattet. Platz für zwei Flugzeuge vom Typ Loiré 130 wurde eingerichtet. Die *Dunkerque* wurde am 24. Dezember 1932 auf Kiel gelegt, lief am 2. Oktober 1935 vom Stapel und kam im April 1937 in Dienst. Vor der Kapitulation Frankreichs dienten sowohl die *Dunkerque* als auch die *Strasbourg* zum Schutz von Konvois. Nach der Kapitulation gehörten beide Schiffe zu dem Teil der Flotte, der sich außerhalb der Kontrolle durch das Vichy-Regime aufhielt. Am 6. Juni fiel sie einem Angriff der Swordfish von der HMS *Ark Royal* zum Opfer und wurde schwer beschädigt, als ein Kahn, beladen mit Treibstoff und Wasserbomben, neben ihr explodierte. Man brachte die *Dunkerque* im Februar 1942 in den Hafen von Toulon, wo sie im November 1942 versenkt wurde. Das Wrack wurde 1953 gehoben und 1958 als Schrott verkauft.

Schlachtschiffe und Schlachtkreuzer

Daten

Verdrängung:	26.500 t normal; 30.750 t mit Wasserbomben
Maße:	Länge 214,5 m; Breite (an der Wasserlinie) 31 m; Tiefgang 8,7 m
Antrieb:	sechs Indret-Kesseln mit vier Parson-Turbinen mit Getriebewellen, 112.500 PS
Geschwindigkeit:	29,5 Knoten
Panzerung:	Gürtel 247–146 mm; Deck 127–38 mm; Torpedoschotten 38 mm; Haupttürme 336–152 mm; Nebentürme 89 mm
Bewaffnung:	acht 330-mm-Hauptgeschütze, 16 130-mm-Nebengeschütze, acht 37-mm-Flugabwehrkanonen, 32 13,2-mm-Flugabwehr-Maschinengewehre sowie zwei Flugzeuge
Besatzung:	1.431
Herkunftsland:	Frankreich

Gneisenau

Die Jagd nach der *Bismarck* wurde zur Kriegslegende, und die Verfolgung und Versenkung der *Scharnhorst* und der *Graf Spee* blieben ebenfalls im Gedächtnis. Das weniger bekannte Schwesterschiff der *Scharnhorst* war die *Gneisenau*. Hitler selbst hatte zu den Entwürfen gedrängt. Ihm war bewusst, dass die Bewaffnung und Geschwindigkeit seiner „Westentaschen-Schlachtschiffe" – der Kreuzer der *Deutschland*- und der *Hipper*-Klasse – in größere, besser gepanzerte Schiffe integriert werden konnte. So entstand eine Verbindung von offensiven und defensiven Leistungsmerkmalen. Aufgrund ihrer zusätzlichen Panzerung sah Hitler diese Schiffe als unsinkbar und als besonders geeignet zum Angreifen von Handelsschiffen an, doch für die Marine waren es lediglich größere und absolut unterbewaffnete Kriegsschiffe. Die Marine drängte auf einen dritten Hauptturm. Hitler war dagegen, um die Engländer nicht vor den Kopf zu stoßen – das Schiff sollte harmlos aussehen –, doch die Änderung wurde schließlich durchgesetzt. Eigentlich sollten diese Panzerschiffe 381-mm-Geschütze tragen (obwohl der englisch-deutsche Marinevertrag von 1935 ihnen ohne weiteres 406-mm-Hauptgeschütze erlaubt hätte). Der Entwurf für den neuen 381-mm-Drillingsturm war jedoch noch nicht fertig, und so wurden die beiden Schlachtkreuzer der *Scharnhorst*-Klasse in der Eile mit 280-mm-Waffen gebaut. Die Kiellegung der *Gneisenau* erfolgte am 3. Mai 1935, der Stapellauf am 8. Dezember 1936 und die Indienstnahme am 21. Mai 1938. Die *Scharnhorst* wurde einige Tage später auf Kiel gelegt und lief sechs Monate früher vom Stapel, wurde jedoch erst im Januar 1939 in Dienst genommen. Im Winter 1938/39 erhielt jedes der beiden Schiffe einen atlantiktauglichen Bug, Wasserflugzeugkatapulte und zusätzliche 20-mm-Flugabwehrkanonen. Nach Kriegsausbruch besaß die *Gneisenau* immer noch ihre unzulänglichen 280-mm-Waffen. Die *Gneisenau* bildete die Deckung bei der deutschen Landung in Norwegen und wurde im Atlantik eingesetzt. Zusammen mit der *Scharnhorst* war sie für den Untergang des britischen Flugzeugträgers HMS *Glorious* und der Zerstörer HMS *Acasta* und HMS *Ardent* verantwortlich. Am 6. April 1941 wurde die *Gneisenau* von einem Torpedo getroffen. Als sie im Schlepptau wieder den Hafen erreicht hatte, musste sie noch vier Bombeneinschläge bei einem Angriff der Engländer hinnehmen. Als das Schiff 1942 zum zweiten Mal bei einem Angriff

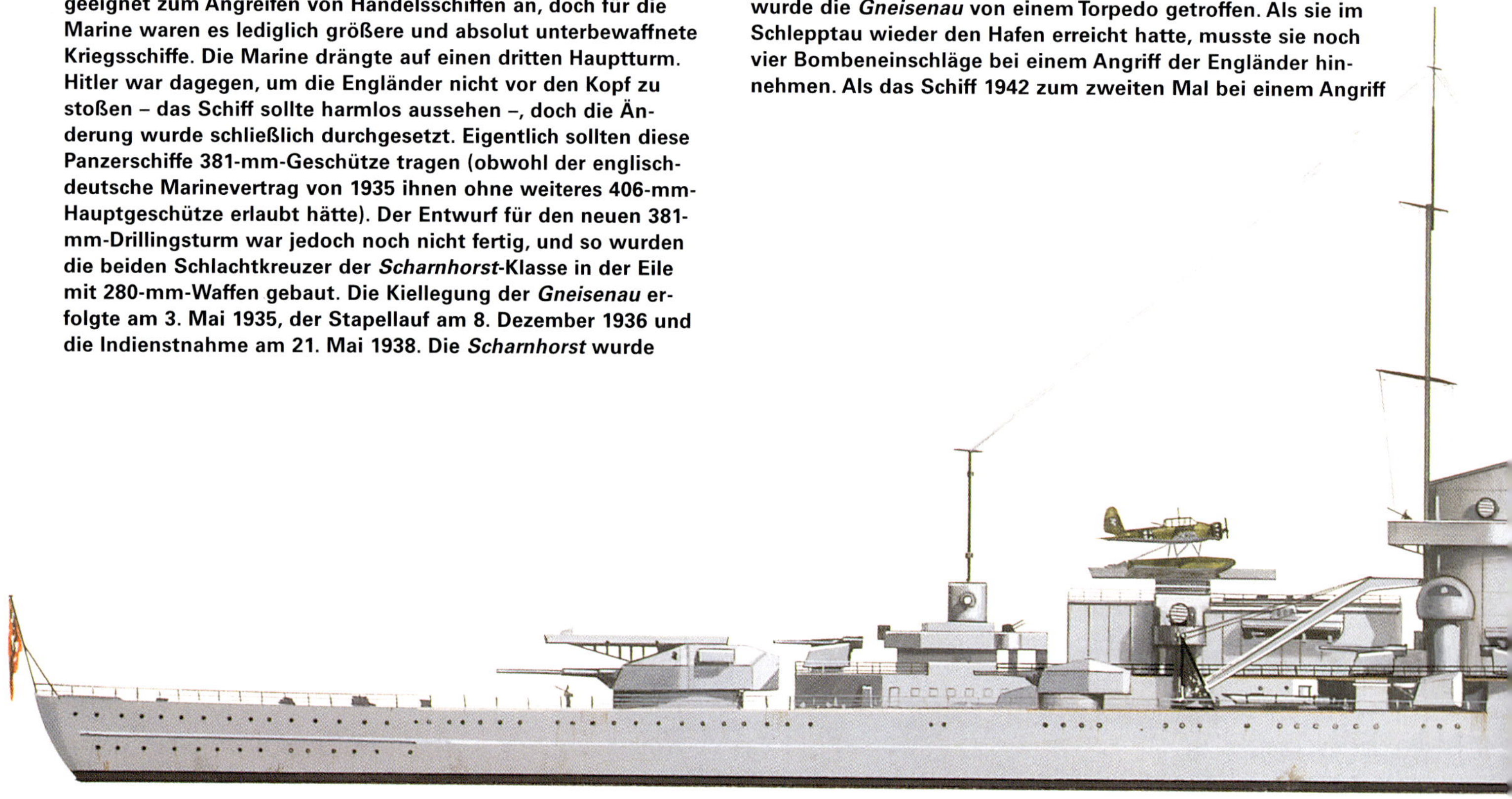

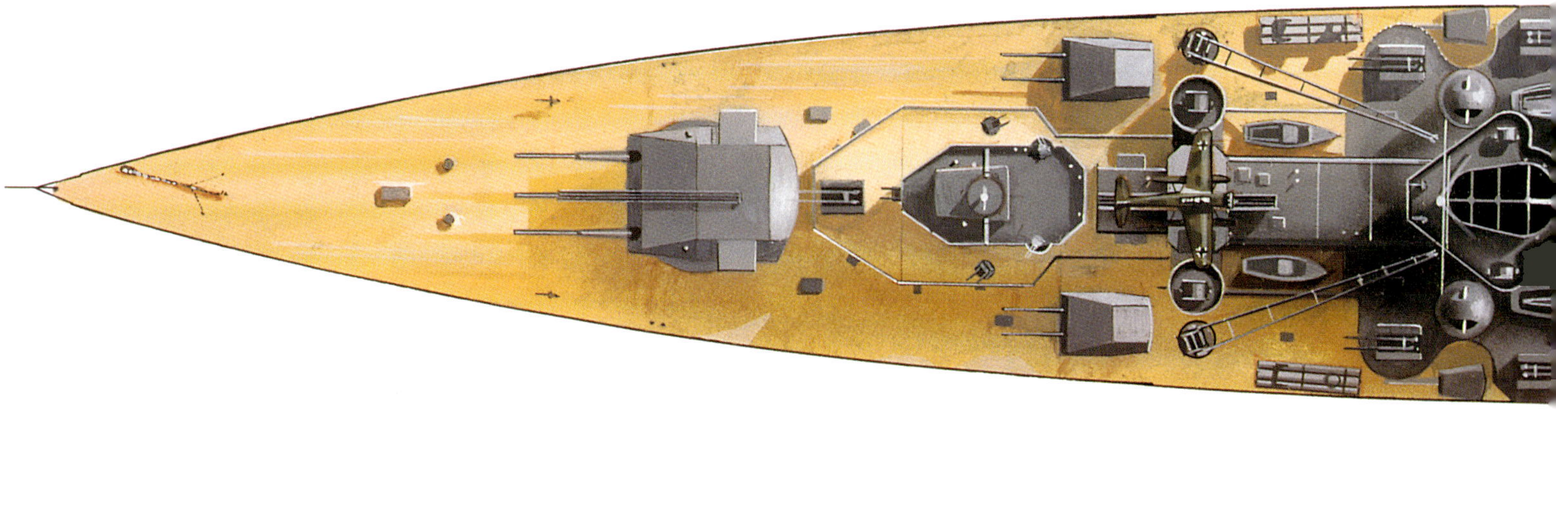

der britischen Luftwaffe auf Kiel beschädigt wurde, entschloss man sich die erforderlichen 381-mm-Geschütze zu installieren, welche jedoch niemals eingebaut wurden. Die Pläne für die Einrichtung der neuen Türme wurden 1943 aufgegeben, und die Hauptgeschütze der *Gneisenau* wurden zur Küstenverteidigung in Holland und Norwegen entfernt. Sogar die 152-mm-Nebengeschütze wurden abgenommen und in einem Fall auf Eisenbahnwagons montiert als Waffe genutzt. Die *Gneisenau* spielte im weiteren Kriegsverlauf keine Rolle mehr. Während die *Scharnhorst* im Dezember 1943 in einem heftigen Gefecht mit drei englischen Kreuzern und einem Schlachtschiff versenkt wurde, schleppte man die *Gneisenau* 1945 in den Hafen von Gdynia und zog sich wieder zurück, um die Hafeneinfahrt zu blockieren. Nach dem Krieg wurde das Wrack zwischen 1947 und 1951 demontiert.

Daten

Verdrängung:	34.841 t normal; 38.900 t mit Wasserbomben
Maße:	Länge 229,8 m; Breite (an der Wasserlinie) 29,9 m; Tiefgang 8,4 m
Antrieb:	12 Wagner-Kessel, daran drei Germania-Turbinen mit Getriebewellen, 165.000 PS
Geschwindigkeit:	32 Knoten
Panzerung:	Gürtel 349–169 mm; Deck 50 mm; Panzerdeck 76 mm; Torpedoschotten 44 mm; Haupttürme 356–152 mm; Nebentürme 140–50 mm
Bewaffnung:	neun 280-mm-Hauptgeschütze, 12 152-mm-Nebengeschütze, 14 105-mm-Geschütze, 16 37-mm-Flugabwehrkanonen, acht 20-mm-Flugabwehrkanonen sowie drei bis vier Flugzeuge
Besatzung:	1.669
Herkunftsland:	Deutschland

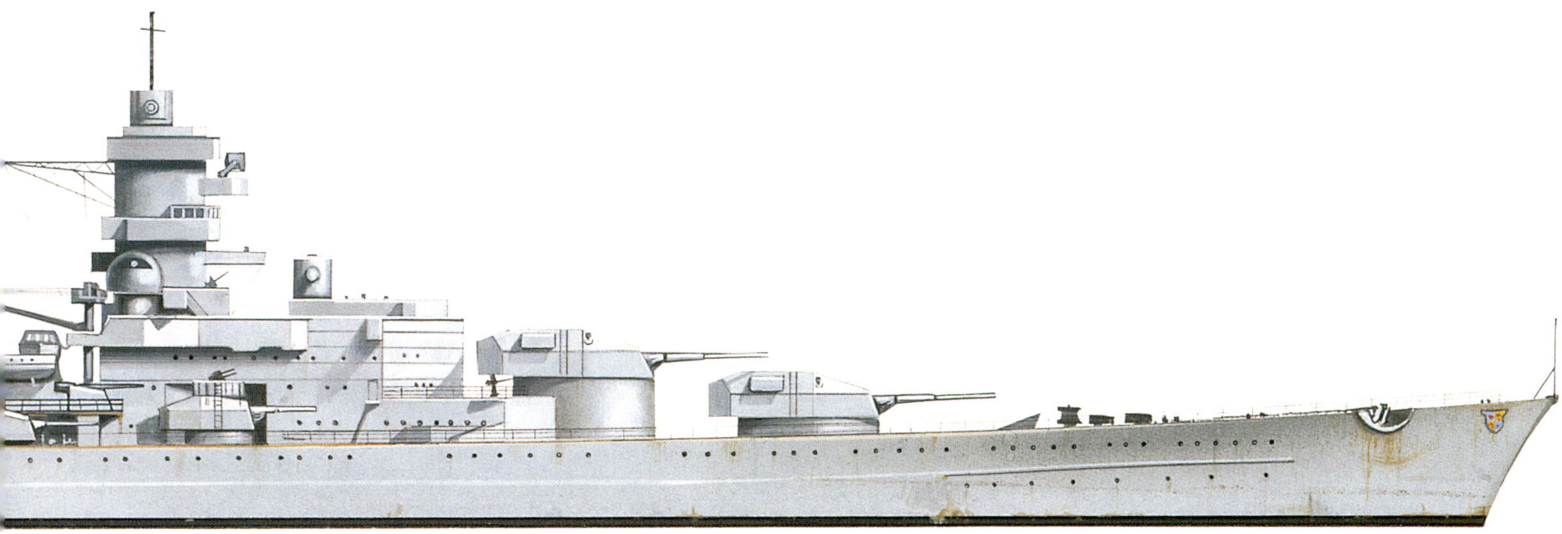

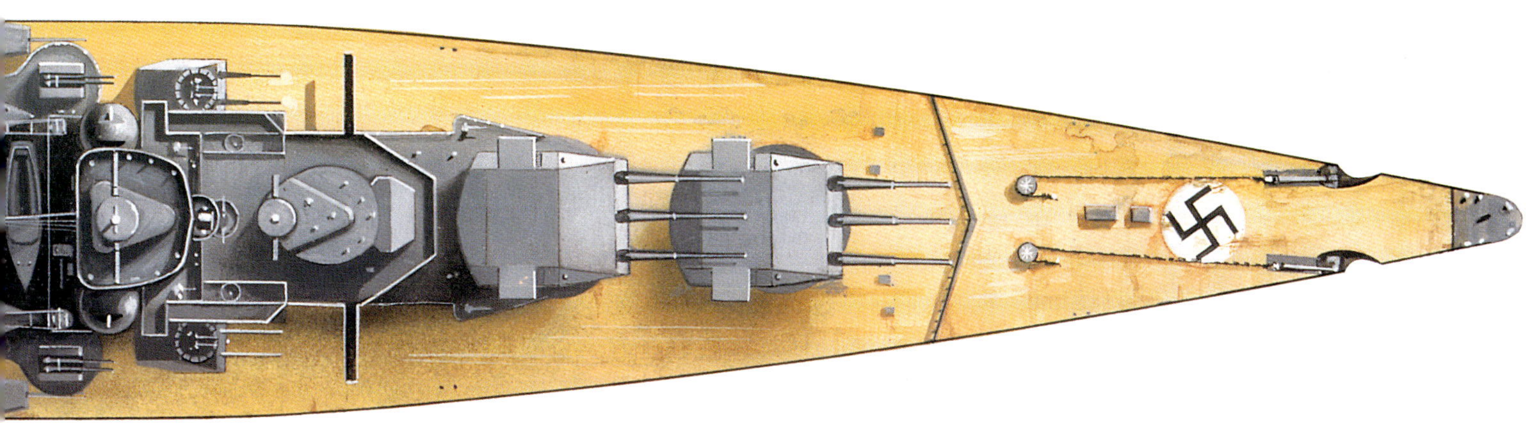

HMS *Hood*

Die HMS *Hood* war ein Schiff mit vielen modernen Eigenschaften, doch der Entwurf ging auf die Zeit des 1. Weltkriegs zurück, was letztlich auch der Grund für ihren Untergang etwa 25 Jahre nach dem Stapellauf war. Angespornt durch die deutschen Fortschritte, fasste der englische Admiralstab die Pläne für eine neue Klasse schneller, gut bewaffneter und gut gepanzerter Schlachtkreuzer. Die daraus hervorgehenden Entwürfe wiesen eine bessere Bewaffnung als die Schiffe der *Queen Elizabeth*-Klasse auf und waren auch schneller, doch wurde der Panzerschutz nicht als vorrangig behandelt. Vier Schiffe wurden in Auftrag gegeben, nach der Schlacht von Jütland im Mai 1916 wurde jedoch offensichtlich, dass diese Schlachtkreuzer der *Hood*-Klasse in jeder weiteren Seeschlacht extrem verwundbar sein würden. Man gab die Schlachtkreuzer-Konstruktion auf und gestaltete die Schiffe als schnelle Schlachtschiffe mit viel stärkerer Panzerung neu. Bei Kriegsende 1918 waren alle außer der HMS *Hood* ausgelaufen, und das Schiff galt als großer Schritt nach vorne. In der Tat wies die *Hood* eine Mischung alter und neuer Elemente auf. Zum einen hatte sie etwa eine moderne, abgeschrägte Panzerung und guten Schutz gegen Torpedos, steil angebrachte Langstreckengeschütze und kraftvolle Kessel mit kleinen Röhren. Zum anderen war sie das letzte englische Großkampfschiff mit offenen Nebentürmen, die ungünstig angebracht waren – keines der ursprünglichen 140-mm-Geschütze konnte nach der Breite ausgerichtet werden. Auch war sie topplastig und langsam. Nach der Kiellegung der HMS *Hood* am 1. September 1916 folgte der Stapellauf am 22. August 1918 und die Indienstnahme 1920. In den darauf folgenden Jahren wurde die *Hood* kaum modernisiert; die einzigen Änderungen betrafen die Flugabwehrgeschütze. Ende 1939 baute man neue 102-mm-Flugabwehrkanonen ein. Die un-

brauchbaren 140-mm-Waffen wurden durch sechs unterschiedlich montierte 102-mm-Waffen ersetzt. Nach einem relativ ruhigen Kriegsanfang wurde die *Hood* eines der führenden Schiffe bei der Verfolgung der deutschen *Bismarck*. Die Unzulänglichkeit ihres auf das Jahr 1916 zurückgehenden Entwurfes wurde bei dem Angriff auf die *Bismarck* am 23. Mai 1941 nur zu offensichtlich. Sie wurde durch eine Hand voll Granaten – möglicherweise auch nur durch eine einzige – von dem deutschen Schlachtschiff zerstört. Eine Salve von der *Bismarck* landete zwischen dem zweiten Schornstein der *Hood* und ihrem Hauptmast. Ein Einschlag traf eines ihrer Magazine (oder auch einen Kessel), und die *Hood* explodierte. Nur drei von ursprünglich 1.500 Besatzungsmitgliedern überlebten.

Daten

Verdrängung: 41.200 t normal; 44.600 t mit Wasserbomben
Maße: Länge 262,3 m; Breite (an der Wasserlinie) 32,1 m; Tiefgang 9,6 m
Antrieb: 24 Yarrow-Kessel, daran vier Brown-&-Curtis-Turbinen mit vier Getriebewellen, 151.280 PS
Geschwindigkeit: 29,5 Knoten
Panzerung: Gürtel 247–146 mm; Deck 127–38 mm; Torpedoschott 38 mm; Haupttürme 336–152 mm; Nebentürme 89 mm
Bewaffnung: acht 330-mm-Hauptgeschütze, 16 130-mm-Nebengeschütze, acht 37-mm-Flugabwehrkanonen, 32 13,2 mm-Flugabwehr-Maschinengewehre sowie zwei Flugzeuge
Besatzung: 1.477
Herkunftsland: Großbritannien

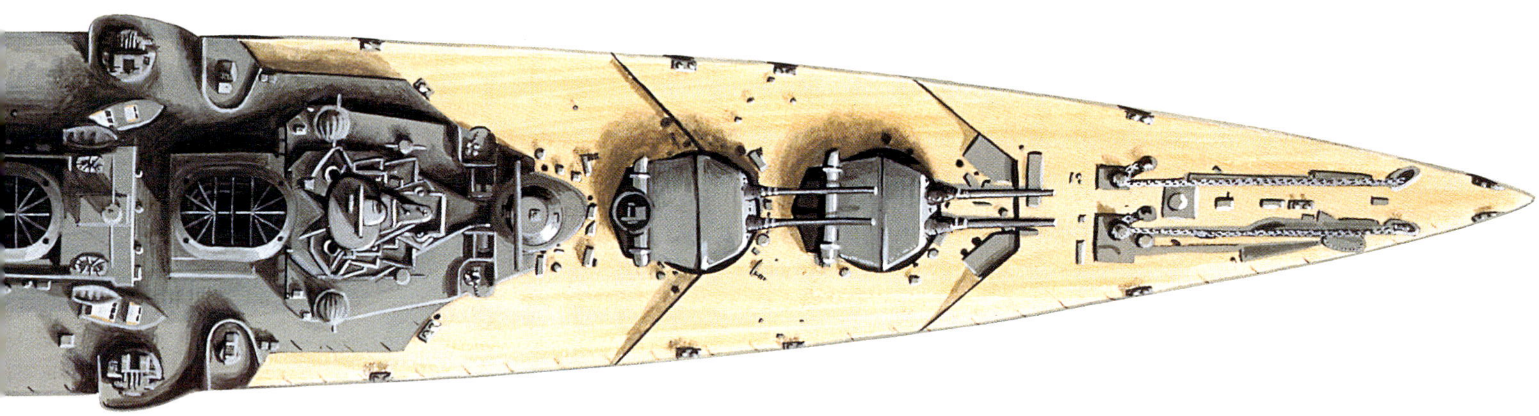

HMS *Howe*

Die Entscheidung zum Bau der Schlachtschiffe der *King-George V*-Klasse, brachte die britische Marine in ein Dilemma. In den frühen 30er Jahren war England immer noch an das Washingtoner Abkommen von 1922 gebunden, demzufolge der Bau von Großkampfschiffen über 35.000 Tonnen mit Geschützkalibern über 406 mm untersagt war. 1934 hatte England Pläne für Schiffe mit neun 381-mm-Geschützen entwickelt, doch es schien sicher, dass Japan sich nicht länger an die Bestimmungen halten würde. Deutschland arbeitete ebenfalls an Entwürfen für die *Bismarck*-Klasse. Die Briten wollten weder zurückstehen noch den anderen Seestreitkräften einen Vorwand für den Bruch der Vertragsbestimmungen liefern. Das alles musste bei der Entscheidung berücksichtigt werden, wobei man sich bewusst war, dass zum Zeitpunkt der Fertigstellung der neuen Schiffe der Kriegsfall mit Deutschland eintreten könnte. Der gültige Entwurf für die *King George V* war 1936 fertig. Die Briten entschieden sich für 356-mm-Waffen, doch mit einer Panzerung, die 406-mm-Geschossen standhielt. Ursprünglich waren 12 Hauptgeschütze vorgesehen, doch zwei Geschütze wurden zugunsten des besseren Panzerschutzes vom vorderen B-Turm entfernt. Auf die Gestaltung und Entwicklung der Panzerung des Schiffes wurde viel Mühe verwendet, und die fünf Schlachtschiffe der Klasse erhielten umfangreiche Panzergürtel und interne Schotten. Der Unterwasserschutz war jedoch weniger zufrieden stellend. Das einzige Schiff der Klasse, das im 2. Weltkrieg verloren ging, die HMS *Prince of Wales*, wurde von einem kleinen und eigentlich veralteten deutschen Torpedo versenkt. Die HMS *Howe* (früher HMS *Beatty*) wurde am 1. Juni 1937 auf Kiel gelegt, lief am 9. April 1940 vom Stapel und wurde am 29. August 1942 fertig gestellt. Die anderen *King-George-V*-Schiffe waren bei mehreren wichtigen Einsätzen dabei, darunter bei den Angriffen auf die *Bismarck* und die *Scharnhorst*. Die *Howe* jedoch kämpfte abseits der Fronten. Zusammen mit der HMS *King George V*, der HMS *Duke of York* und der HMS *Anson* überstand die *Howe* den Krieg und blieb mit ihren Schwesterschiffen bis 1950 in der vordersten Riege der britischen Flotte. Alle vier Schiffe wurden schließlich 1957/58 abgewrackt.

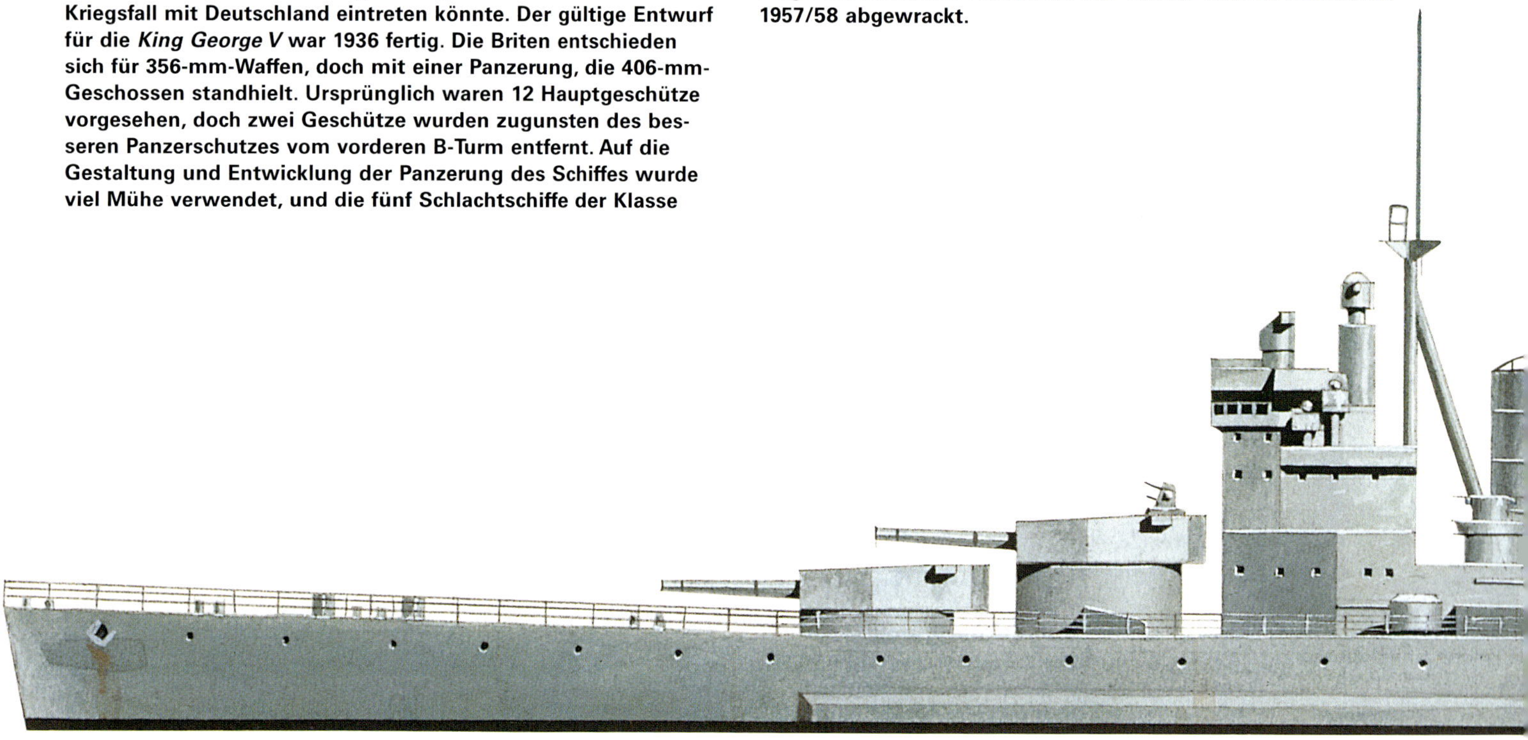

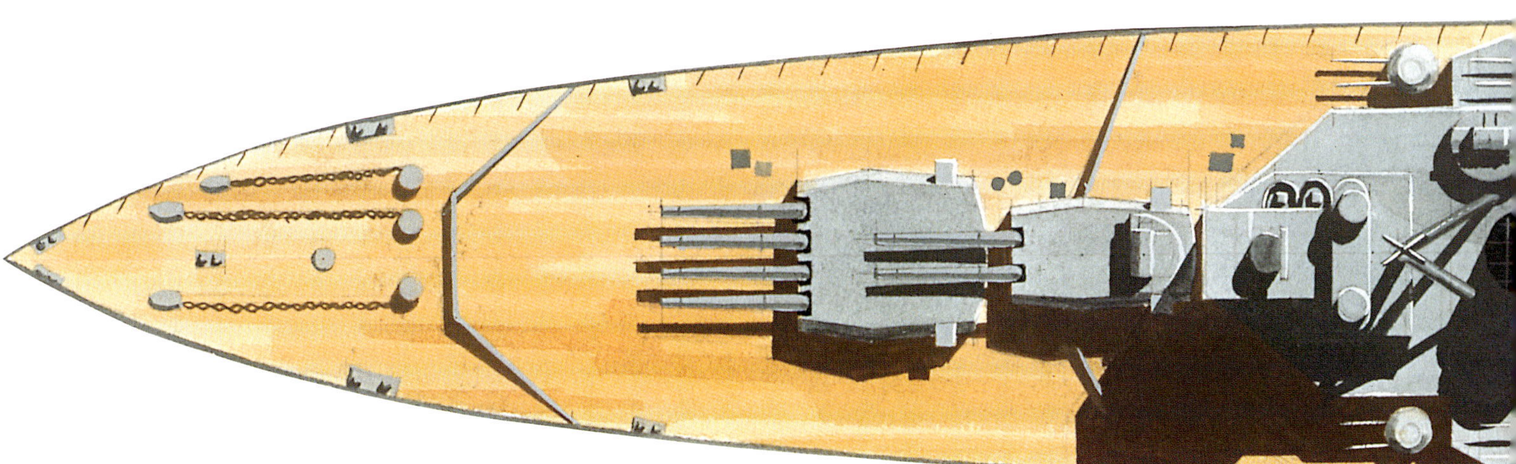

Schlachtschiffe und Schlachtkreuzer

Daten

Verdrängung:	36.727 t normal; 42.076 t mit Wasserbomben
Maße:	Länge 227 m; Breite (an der Wasserlinie) 31,4 m; Tiefgang 9,9 m
Antrieb:	acht Admiralty-Kessel mit drei Trommeln, daran vier Parsons-Turbinen mit Getriebewellen, 110.000 PS
Geschwindigkeit:	29,5 Knoten
Panzerung:	Gürtel 381–115 mm; Schotten 305–102 mm; Haupttürme 33–152 mm
Bewaffnung:	zehn 406-mm-Hauptgeschütze, 16 133-mm-Nebengeschütze, 32 2-Pfünder-Superfeuer-Flugabwehrkanonen, 14 40-mm-Bofors-Flugabwehrkanonen, 65 20-mm-Oerlikon-Flugabwehrkanonen sowie zwei Flugzeuge (entfernt 1943–1945)
Besatzung:	1.422
Herkunftsland:	Großbritannien

USS *Iowa* (BB-61)

Die vier Schlachtschiffe der *Iowa*-Klasse waren die größten und schnellsten der US-Marine im 2. Weltkrieg. Befreit von den Beschränkungen des Washingtoner Abkommens, startete die US-Marine 1936 ein Programm für eine neue Klasse von 45.000-Tonnen-Schiffen. Gegenüber der vorausgegangenen *South Dakota*-Klasse stellten sie einen Fortschritt dar und wiesen viele moderne Elemente auf. Trotz fast gleicher Artillerieausrüstung waren sie besser gepanzert und schneller. In der Tat waren die *Iowas* mit etwa 33 Knoten die schnellsten Schlachtschiffe aller Zeiten. Ein neuer Typ von 406-mm-Geschützen wurde eingebaut – eine 50-Kaliber-Waffe gegenüber der ursprünglichen 45-Kaliber-Waffe. Die *Iowa*s hatten auch einen neuartigen Hauptturm, der etwa 850 Tonnen Gewicht sparte. Dies entsprach dem amerikanischen Konzept schneller Kampfeinheiten im Pazifik. Man nahm richtigerweise an, dass Japan sich an ähnlichen Einheiten versuchen und sie im Kriegsfall auf Versorgungsschiffe im Pazifik ansetzen würde. Die Schiffe der *Iowa*-Klasse sollten gmeinsam mit Flugzeugträgern eingesetzt werden und sie bei Angriffen auf japanische Überwassereinheiten decken. Von den sechs geplanten Schiffen wurden nur vier gebaut: die USS *Iowa*, die USS *New Jersey*, die USS *Missouri* und die USS *Wisconsin*. Die *Iowa* wurde am 27 Juni 1940 auf Kiel gelegt, lief am 27. August 1942 vom Stapel und kam am 22. Februar 1943 in Dienst. Erst in der zweiten Kriegshälfte kam es zu Einsätzen, sodass die Schiffe die großen Flugzeugträgergefechte, bei denen sie ihre Funktion erfüllt hätten, verpassten. Trotzdem leisteten die *Iowa*s gute Arbeit im Rahmen der schnellen Flugzeugträger-Kampfeinheit der US-Marine, oft als Kommandoschiffe. Alle Schlachtschiffe unterschieden sich im Detail, insbesondere in der jeweiligen Flugabwehrausrüstung, die sich den ganzen Krieg hindurch änderte. Alle waren im Pazifikkrieg erfolgreich – die japanische Kapitulation wurde an Bord der USS *Missouri* unterzeichnet –, und keines ging verloren. 1943 nahm die USS *Iowa* an der Beobachtung der *Tirpitz* teil, und im November beförderte sie Präsident Roosevelt zu der Konferenz in Teheran. Am 23. Januar 1944 war sie an Angriffen auf die Marshall-Inseln beteiligt. Vor der Truk-Insel versenkte sie den japanischen Kreuzer *Katori* und unterstützte dann weiter Einsätze im Philippinenmeer bis zur Schlacht im Golf von Leyte im Oktober. Auf dem Rückweg im Dezember 1944 überstand die *Iowa* einen Taifun, der 24 andere Schiffe beschädigte oder zerstörte. Wieder im Gefecht, half sie der USS *New Jersey* vor Okinawa. Im Juli 1945 feuerten die drei verfügbaren Schiffe der *Iowa*-Klasse auf das japanische Festland, und am 29. August 1945 fuhr die *Iowa* mit der *Missouri* im Hafen von Tokio ein, um die japanische Kapitulation entgegenzunehmen. Die Schiffe der *Iowa*-Klasse waren trotz ihrer großen Länge

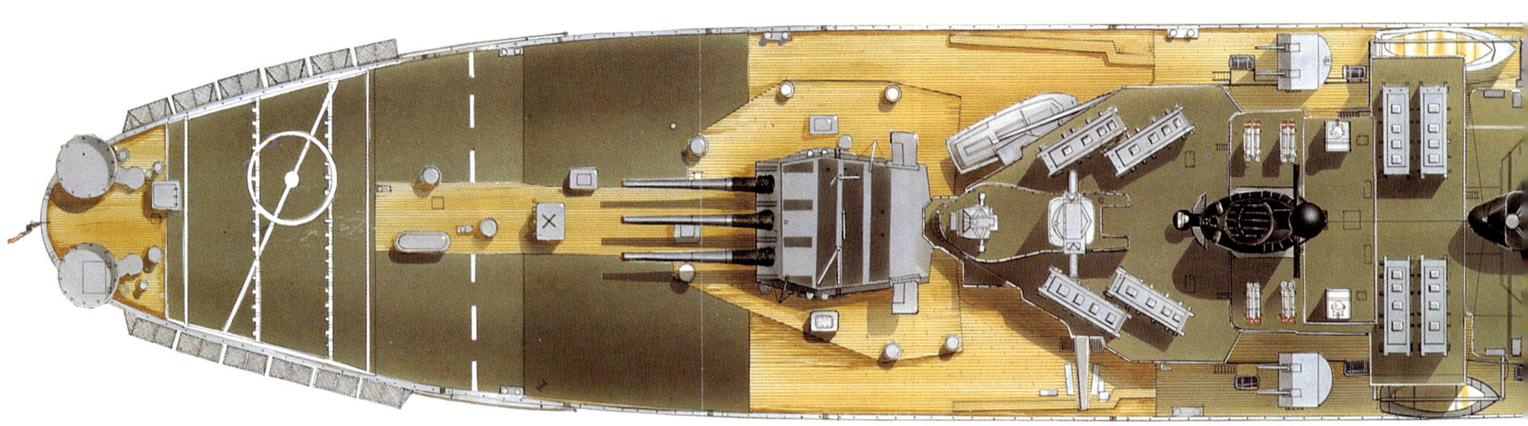

sehr manövrierfähige Schiffe. Sie waren jedoch teuer in der Unterhaltung und wurden bald nach dem Krieg ausgemustert. Auf die Gefechtskraft der *Iowa*s, die in der Reserveflotte untergebracht waren, konnte man jedoch schlecht verzichten. Im Koreakrieg reaktivierte man sie zum Feuerschutz, später auch im Vietnamkrieg. Nachdem sie in den frühen 70er Jahren nochmals ausgemustert wurden, wurden sie in der Regierungszeit Ronald Reagans erneut aktiviert. Man plante auch, sie zu Flugzeugträgern für Senkrechtstarter umzubauen, mit einem Flugdeck auf dem hinteren Rumpf. Zwar wurde dies niemals umgesetzt, doch wurden sie neu mit Tomahawk-Marschflugkörpern und Harpoon-Schiffsabwehrgeschützen ausgerüstet, behielten dabei jedoch ihre 406-mm-Hauptgeschütze (siehe Abbildung). Die *Iowa* diente 1984 vor Nicaragua und eskortierte 1988 Tanker im Persischen Golf. Die anderen Schlachtschiffe wurden in den 80er Jahren zum Feuerschutz im Libanon eingesetzt und anschließend gegen irakische Ziele bei der Operation Wüstensturm. 1989 gab es eine Explosion in einem der Haupttürme der *Iowa*, nach der sie aus dem Wüstensturm-Einsatz zurückgezogen und im Oktober 1990 aus dem Dienst genommen werden musste. Die vier Schiffe der *Iowa*-Klasse erwarten nun in Reservestellung eine Entscheidung über ihre weitere Verwendung.

Daten

Verdrängung:	48.110 t normal; 57.540 t mit Wasserbomben
Maße:	Länge 270,4 m; Breite (an der Wasserlinie) 33 m; Tiefgang 11 m
Antrieb:	acht Babcock-und-Wilcox-Kessel, daran General-Electric-Turbinen mit vier Getriebewellen, 212.000 PS
Geschwindigkeit:	33 Knoten
Panzerung:	Gürtel 305–40 mm; Panzerdeck 152–38 mm; Schotten 287 mm; Haupttürme 500 mm
Bewaffnung:	neun 406-mm-Hauptgeschütze, 20 127-mm-Nebengeschütze, 60 40-mm-Flugabwehrkanonen, 60 20-mm-Flugabwehrkanonen sowie drei Flugzeuge
Besatzung:	1.921
Herkunftsland:	USA

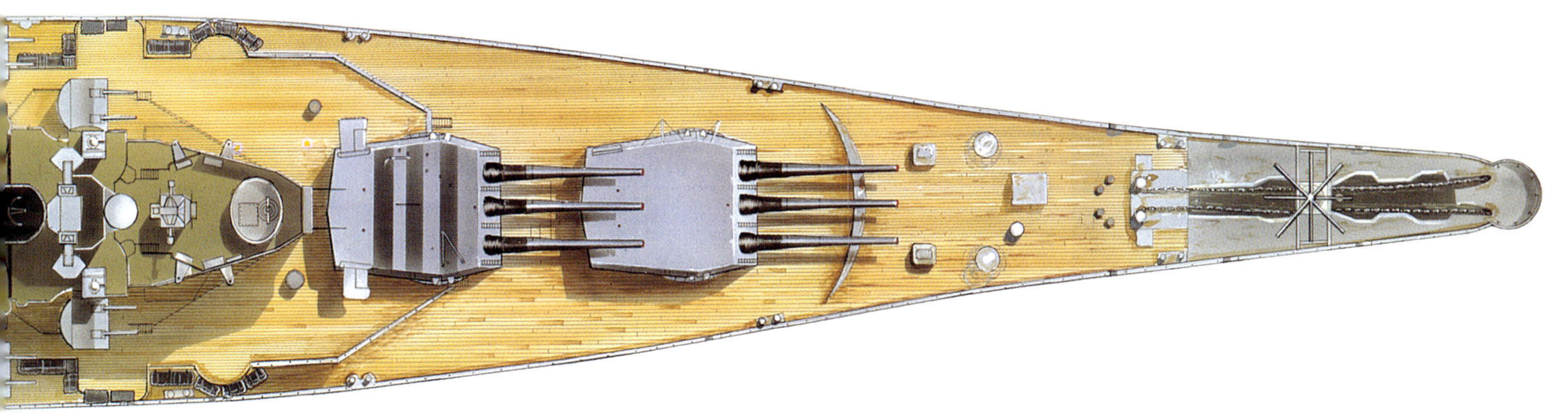

Ise

Nach dem Stapellauf 1914 waren die *Fuso* und ihr Schwesterschiff von 1915, die *Yamashiro,* die mächtigsten Schlachtschiffe in der japanischen Marine. 1916 und 1917 kamen zwei weitere Schiffe in derselben Klasse hinzu, die *Ise* und die *Hyuga*. Sie waren den meisten ihrer amerikanischen Rivalen überlegen und der *Pennsylvania*-Klasse ebenbürtig. Mit diesen Schiffen stieg Japan zu einer bedeutenden Seemacht auf. Die 356-mm-Waffen der *Fuso* waren in Japan gebaut worden, ein weiteres Novum für die Marine. Die Türme waren ungewöhnlich angeordnet – zwei vorne und zwei hinten, dazu zwei in der Mitte. Als der Krieg den Pazifik erreichte, waren die *Ise* und ihre Schwesterschiffe schon einige Male überarbeitet worden. 1935–1937 erhielt das Schiff Fockmastkanonen und 77-mm-Flugabwehrkanonen. Die *Fuso* wurde 1930–1935 weitgehend umgestaltet. Dabei ersetzten pagodenartige Masten den vorderen Schornstein, der Hauptmast wurde weiter ausgerüstet und die Panzerung auf dem Deck und unter Wasser verstärkt. Infolgedessen wurde das Schiff etwa 3.500 t schwerer, und die Hülle wurde nach achtern verlängert. Die komplett erneuerte Motorisierung bestand jetzt aus leistungsfähigeren Kampon-Turbinen statt der ursprünglichen Brown-Curtis-Motoren. Nach und nach baute man leichte Bewaffnung ein, und die *Fuso* konnte auch bis zu drei Wasserflugzeuge befördern (gewöhnlich Nakajimas vom Typ 95). Japans Großkampfschiffe spielten nach ihrer anfänglichen Unterstützung der ersten Angriffe keine besondere Rolle im Pazifik-Feldzug mehr. Nach den Verlusten bei Midway 1943 wandelte man die *Ise* und die *Hyuga* zu einer Kreuzung aus Schlachtschiffen und Flugzeugträgern um. Die X- und Y-Türme achtern wurden entfernt, und die Flugzeuge starteten mit Katapulten und wurden mit dem Kran wieder an Bord geholt. Die Schiffe konnten 22 Wasserflugzeuge transportieren. Mehr und mehr Flugabwehrgeschütze wurden installiert, bis die *Ise* über 100 25-mm-Flugabwehrkanonen hatte, verglichen mit ursprünglich 16. Die Nebengeschütze wurden alle entfernt. Die Fliegerstaffel der *Ise* besaß weder ausreichende Gefechtsausstattung noch genügend Reichweite. Bei Kriegsende waren die Katapulte entfernt worden, und das Schiff kämpfte im Golf von Leyte ohne Flugzeuge. Amerikanische Flugzeuge versenkten die *Ise* bei Kure am 18. Juli 1945. Sechs Tage darauf ging die *Hyuga* verloren. Beide Schiffe kenterten in seichtem Wasser und wurden nach 1945 abgewrackt.

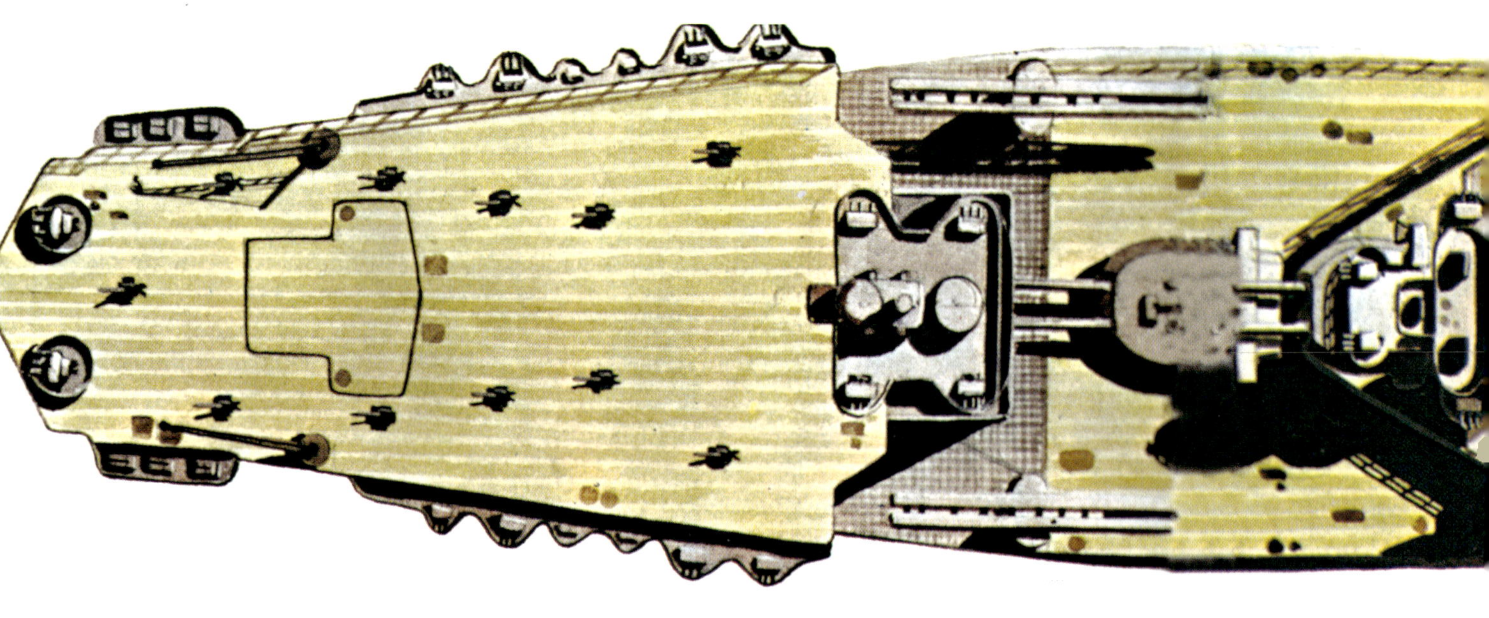

Daten

Verdrängung:	35.350 t normal; 38.065 t voll ausgerüstet
Maße:	Länge 219,5 m; Breite (an der Wasserlinie) 30,6 m; Tiefgang 9 m
Antrieb:	acht Kampon-Kessel, daran vier Kampon-Turbinen mit Getriebewellen, 80.000 PS
Geschwindigkeit:	25,3 Knoten
Panzerung:	Gürtel 305–102 mm
Bewaffnung:	acht 356-mm-Hauptgeschütze, 16 127-mm-Geschütze, zwei 77-mm-Flugabwehrkanonen, 104 25-mm-Flugabwehrkanonen sowie 22 Flugzeuge
Besatzung:	1.463
Herkunftsland:	Japan

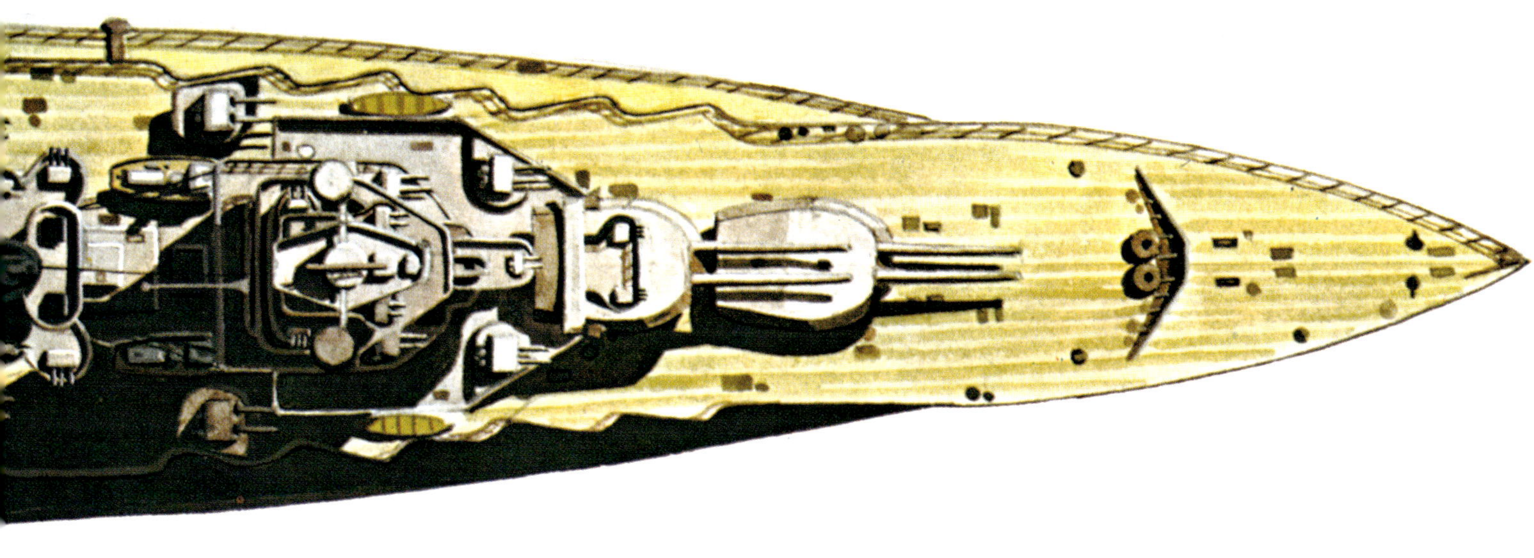

Littorio

In den 30er Jahren zerbrachen die Übereinkünfte über Großkampfschiffe unter den großen Seemächten. Manche Staaten testeten die Grenzen der Verträge zunächst aus, während andere sie offen brachen. Als Frankreich mit dem Bau neuer Schlachtkreuzer begann, fühlte sich Italien gedrängt, ein eigenes Marineprogramm zu starten und entwarf die Schlachtschiffe der *Littorio*-Klasse. Dies waren die ersten europäischen Schlachtschiffe seit 1922 und die ersten Großkampfschiffe, die in Italien seit Ende des 1. Weltkrieges gebaut wurden. Die *Littorio*-Klasse bestand aus zwei Staffeln zu je zwei Schiffen, die 1934 bzw. 1938 auf Kiel gelegt wurden. Die *Littorio* und ihr Schwesterschiff, die *Vittorio Veneto*, wurden am selben Tag auf Kiel gelegt. Die Namen beider Schiffe wurden zur Bezeichnung der Klasse verwendet. Die *Littorio* war als 35.000-Tonnen-Schiff entworfen, lief jedoch weitaus größer vom Stapel. Sie war mit 381-mm-Hochgeschwindigkeits-Geschützen ausgerüstet, dem größten Kaliber, welches zu der Zeit in Italien hergestellt werden konnte. Neben den drei Haupttürmen waren die 152-mm-Nebengeschütze auf vier Drillingstürmen angebracht. Einfachtürme an den Schiffsseiten trugen separate 89-mm-Flugabwehrkanonen, zusammen mit zusätzlichen 119-mm-Geschützen. Der Achterturm war höher als üblich installiert, um Hitzeschäden für die Flugzeuge auf dem Schiff zu vermeiden. Meistens wurde ein Regianne-Re-2000-Jäger ohne Hangar transportiert. In voller Ausrüstung war die *Littorio* allerdings kaum ausreichend gepanzert, da man eine hohe Geschwindigkeit als wichtiger erachtete. Die Torpedoabwehr war jedoch gut konstruiert und wirkungsvoll. Am 28. Oktober wurde die *Littorio* auf Kiel gelegt, der Stapellauf erfolgte am 22. August 1937 (einen Monat nach der *Vittorio Veneto*) und die Fertigstellung am 6. Mai 1940. Fast umgehend wurde sie eingesetzt und war in die Flucht der britischen Marine vor der italienischen Flotte bei Taranto verwickelt. Dabei wurde die *Littorio* am 11. November 1940 von

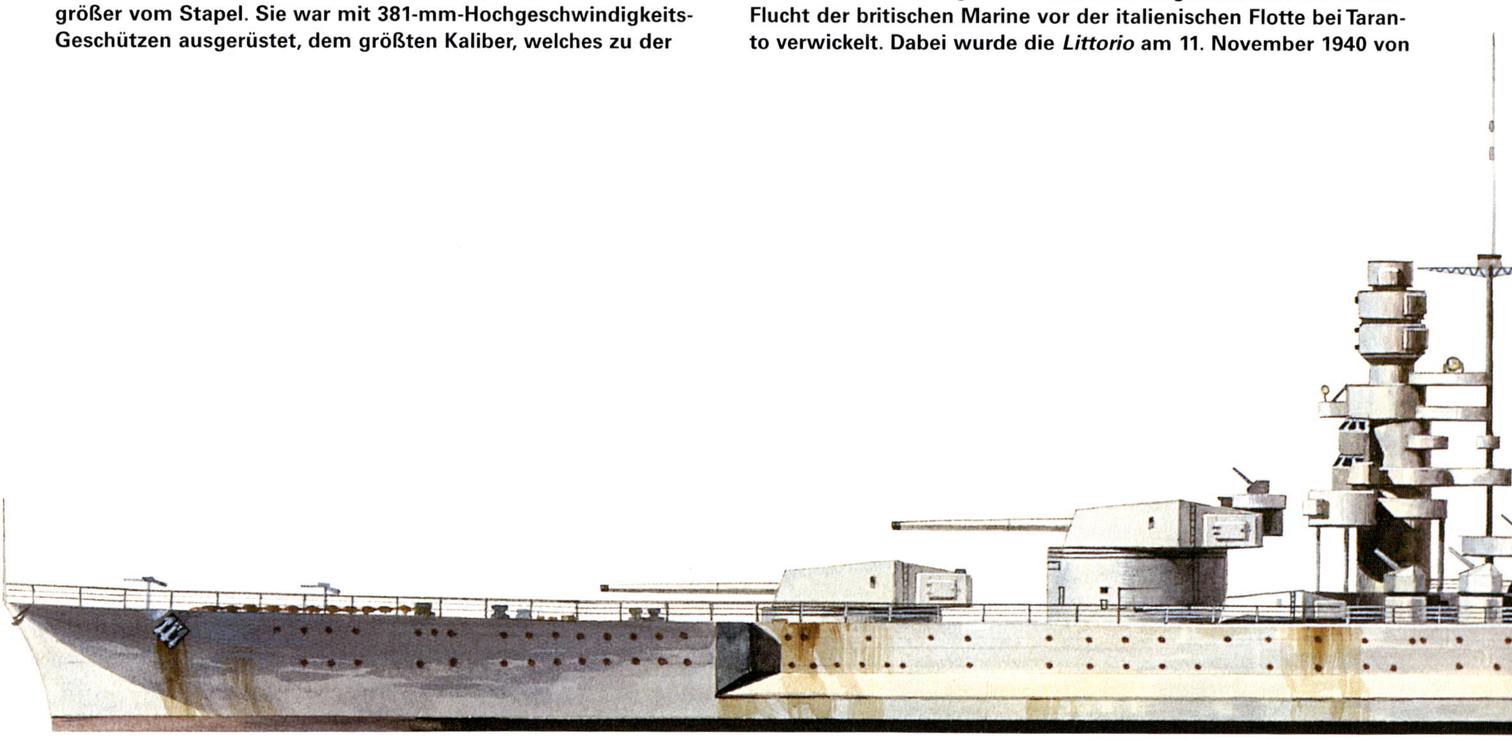

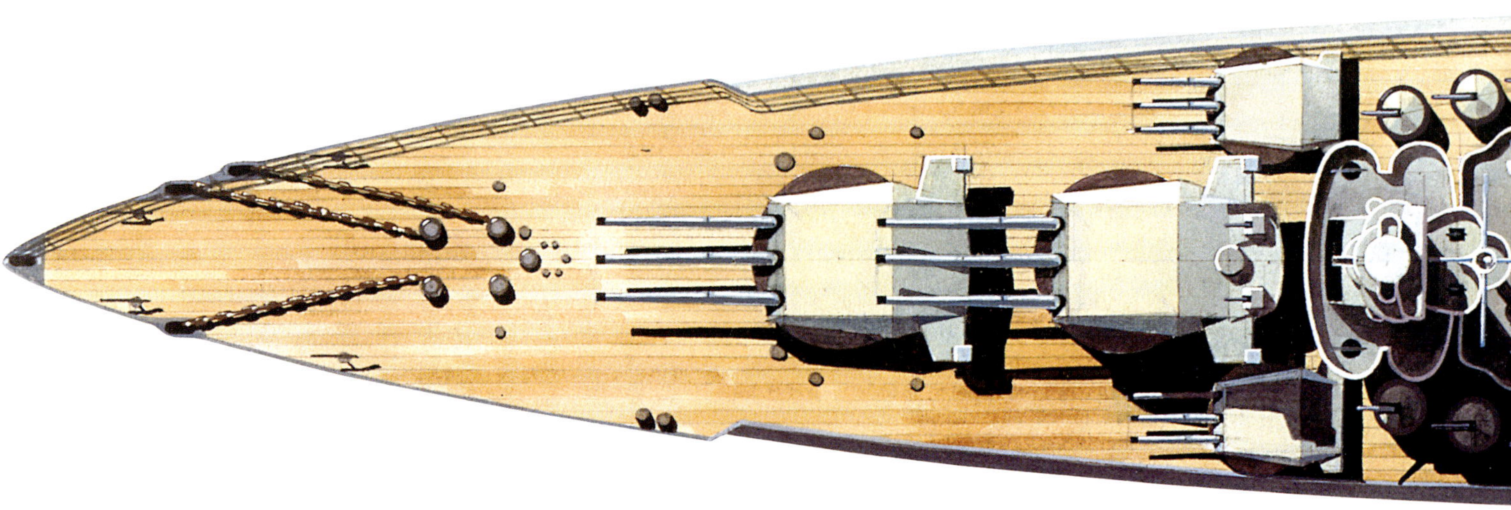

drei Torpedos durch ein Swordfish-Flugzeug der britischen Luftflotte getroffen, was sie jedoch überstand. Nach den Reparaturen, die bis zum April 1941 dauerten, kehrte die *Littorio* wieder zum Einsatz zurück und wurde bei der Schlacht von Sirte im März 1942 und bei Luftangriffen im Juni 1942 und April 1943 wiederum beschädigt. Am 30. Juli 1943, fünf Tage nach dem Sturz Mussolinis, wurde die *Littorio* in *Italia* umbenannt. Während sie zur Kapitulation nach Malta fuhr, zusammen mit der *Roma* aus derselben Klasse, wurde sie am 9. September von einer deutschen Gleitbombe getroffen. Die *Roma* wurde versenkt, und die *Italia* wurde schwer beschädigt. Ohne weitere Einsätze überstand die *Italia* den Rest des Krieges und kehrte 1946 nach Italien zurück. Als Reparationsleistung wurde sie an die USA überstellt und 1948–1950 verschrottet.

Daten

Verdrängung:	40.724 t normal; 45.236 t mit Wasserbomben
Maße:	Länge 237,7 m; Breite (an der Wasserlinie) 32,2 m; Tiefgang 9,6 m
Antrieb:	acht Yarrow-Kessel, daran Belluzzo-Turbinen mit vier Getriebewellen, 128.200 PS
Geschwindigkeit:	30 Knoten
Panzerung:	Gürtel 280–70 mm; Deck 162–45 mm; Schotten 210–70 mm; Haupttürme 350–200 mm; Nebentürme 280–70 mm
Bewaffnung:	neun 381-mm-Hauptgeschütze, 12 152-mm-Nebengeschütze, vier 119-mm-Geschütze, 12 89-mm-Flugabwehrkanonen, 20 37-mm-Flugabwehrkanonen, 16 20-mm-Flugabwehrkanonen sowie Flugzeuge
Besatzung:	1.830–1.950
Herkunftsland:	Italien

USS *Mississippi* (BB-41)

Die drei Schlachtschiffe der *New-Mexico*-Klasse basierten auf der früheren *Pennsylvania*-Klasse und waren so in der Schiffsbautradition des 1. Weltkriegs verwurzelt. Nach ihrem Stapellauf 1917 waren sie trotz ihres Alters noch zu Beginn des 2. Weltkriegs stabile und wirkungsvolle Schiffe. Diese Klasse führte den Klipperbug in den amerikanischen Schlachtschiffbau ein. Auch war zum ersten Mal die Hauptartillerie einzeln verkleidet, damit die Waffen unabhängig voneinander gesteuert werden konnten. Der turboelektrische Antrieb der USS *New Mexico*, bei dem Dampfturbinen elektrische Motoren antrieben, galt als revolutionär. Trotz seines Umfangs und des offensichtlichen Risikos, elektrische Motoren auf See zu betreiben, erwies sich das System als verlässlich; das Schiff ließ sich gut manövrieren. Die anderen Schiffe besaßen jedoch konventionelle Antriebsmotoren, und in die *New Mexico* wurde ebenfalls 1931–1933 ein konventioneller Motor eingebaut. Dem mittleren Schiff der Klasse, der USS *Mississippi*, folgte die USS *Idaho*. Sie lief am 25. Januar 1917 vom Stapel. In den 30er Jahren erschienen neue Modelle, doch die einzigen wesentlichen Verbesserungen, die die *Mississippi* und ihre Schwesterschiffe benötigten, betrafen den Unterwasserschutz und die maximale Richthöhe der Hauptgeschütze, die um 30 Grad erhöht wurde. Die *Mississippi* überstand den Angriff auf Pearl Harbor. Daraufhin setzte ihr Kapitän eine beträchtliche Verstärkung des Flugabwehr-Feuerschutzes durch. Während des Krieges wurden die drei Schiffe der *New-Mexico*-Klasse umfassend eingesetzt. 1945 waren schließlich alle veralteten Strukturelemente der *Mississippi* verschwunden, wie die beiden hohen Gittermasten, während die ursprünglichen Schornsteine, Brücke und Aufbauten kaum mehr erkennbar waren. Auch die 127-mm-Kanonen waren entfernt worden. Nach dem Krieg wurde die *Mississippi* zum Übungsschiff. 1952 wurde sie mit dem Terrier-Boden-Luft-Raketensystem ausgestattet. Schließlich wurde die USS *Mississippi* 1956 abgewrackt.

Schlachtschiffe und Schlachtkreuzer

Daten

Verdrängung:	32.000 t normal; 33.500 t mit Wasserbomben
Maße:	Länge 190,2 m; Breite (an der Wasserlinie) 26,7 m; Tiefgang 10,4 m
Antrieb:	neun Babcock-Kessel, daran Westinghouse-Turbinen mit Getriebewellen, 40.000 PS
Geschwindigkeit:	21 Knoten
Panzerung:	Gürtel 356–203 mm; Deck 152–76 mm; Haupttürme 457–229 mm; Nebentürme 152–76 mm
Bewaffnung:	12 356-mm-Hauptgeschütze, 16 127-mm-Nebengeschütze, 13 40-mm-Vierlings-Flugabwehrkanonen, 20 20-mm-Zwillings-Flugabwehrkanonen sowie zwei Flugzeuge
Besatzung:	1.084
Herkunftsland:	USA

Nagato

Japans *Nagato*-Klasse von 1917 führte 409-mm-Kanonen ein und wies eine hervorragende Kombination von Schnelligkeit und Panzerschutz auf. Mit nur acht größeren Geschützen konnte die *Nagato* eine Breitseite mit 12 356-mm-Kanonen (wie Japans frühere *Hyuga*-Klasse) abfeuern, was nahezu dem Artilleriegewicht eines Schlachtschiffs entspricht. Die geringere Anzahl an Geschützen sparte viel Gewicht, und die *Nagato* besaß immer noch 10 130-mm-Waffen als Nebenartillerie. Auch war sie das erste Schiff mit dem auffälligen pagodenartigen Fockmast, über dem die Feuerkontrollstation postiert war. Mängel zeigten sich bei der *Nagato* allenfalls in der Motorisierung, die in ihrer Mischung von Kohle- und Ölfeuerung nicht dem neuesten Stand entsprach. Am 19. November 1919 lief die *Nagato* vom Stapel. Sie hatte ein Schwesterschiff, die *Mutsu*. Vor dem Krieg wurden einige Veränderungen an der *Nagato* vorgenommen. 1924 erhielt der vordere Schornstein eine S-Form, um die Rauchgase von der Kommandobrücke fern zu halten. 1934–36 kamen größere Umbauten hinzu: Das Heck wurde um 9,1 m ausgedehnt, ein dreifacher Boden und seitliche Torpdeowülste wurden eingerichtet, und zehn neue Ölfeuerungskessel wurden installiert. Außerdem wurden der gekrümmte Schornstein wieder entfernt und neue Geschütze montiert. Einige der kleineren Waffen wurden abgenommen; die übrigen erhielten eine vergrößerte Richthöhe. Eine neue Gruppe von Flugabwehrkanonen wurde installiert, und die *Nagato* erhielt ein Heckkatapult für ihre eigenen Flugzeuge. Das Katapult und die Flugzeuge wurden von dem deutschen Konstrukteur Ernst Heinkel entwickelt. All dies führte zusammen mit den neuen Geschützen zu einem Gewichtsanstieg um 6.500 Tonnen. Die *Nagato* und die *Mutsu* wurden intensiv im Krieg eingesetzt, obwohl die letztere durch eine (zufällige) Explosion im Schiffsbauch im Juni 1943 zerstört wurde. 1945 wurde die *Nagato* als Flugabwehrschiff mit 98 25-mm-Kanonen genutzt und mit Radar ausgestattet. Bei Kriegsende war das Schiff schwer beschädigt und wurde bei den Atomtests auf dem Bikini-Atoll 1946 zerstört.

Schlachtschiffe und Schlachtkreuzer

Daten

Verdrängung:	39.120 t normal; 42.753 t mit Wasserbomben
Maße:	Länge 224,9 m; Breite (an der Wasserlinie) 33 m; Tiefgang 9,5 m
Antrieb:	10 Kessel, daran vier Turbinen mit Getriebewellen, 82.000 PS
Geschwindigkeit:	25 Knoten
Panzerung:	Gürtel 300 mm; Deck 127–68 mm; Haupttürme 356 mm
Bewaffnung:	acht 409-mm-Hauptgeschütze, acht 140-mm-Nebengeschütze, acht 127-mm-Mehrzweck-Kanonen, 68 25-mm-Flugabwehrkanonen sowie drei Flugzeuge
Besatzung:	1.368
Herkunftsland:	Japan

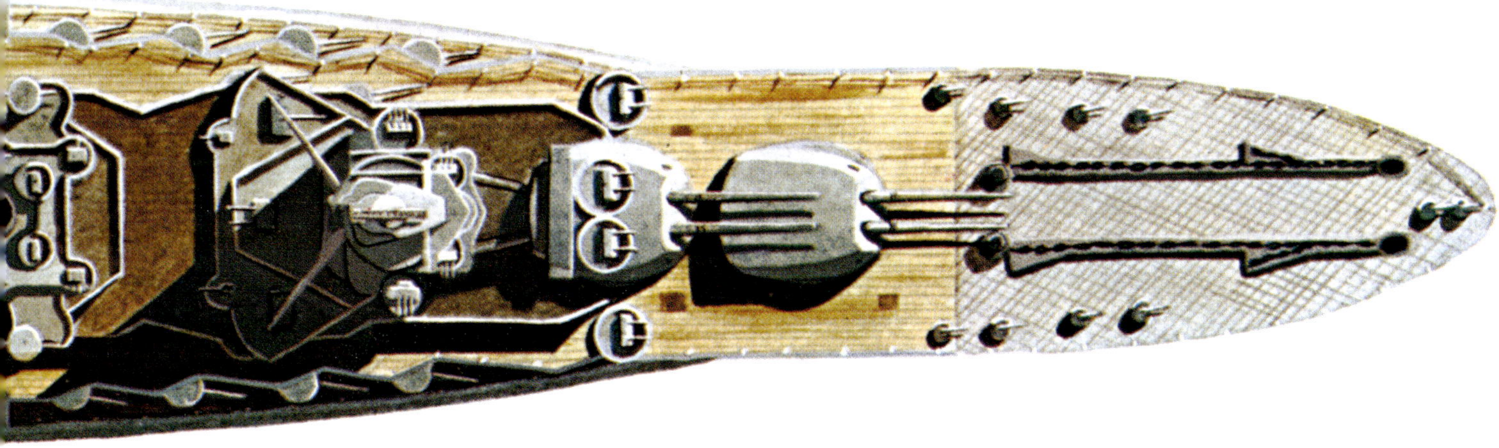

Richelieu

Die Kampfschiffe der *Richelieu*-Klasse waren die besten Schiffe der französischen Marine vor dem 2. Weltkrieg. Aufgrund der deutschen Fortschritte in den späten 20er und frühen 30er Jahren befürchteten die Franzosen, dass ihre neue *Dunkerque*-Klasse schneller Schlachtschiffe/-kreuzer nicht mehr ausreichen würde, um mit der deutschen Flotte mitzuhalten. Also entwarf man ein neues Schlachtschiff-Modell. Die daraus hervorgehende *Richelieu*-Klasse basierte auf der *Dunkerque*-Klasse, war jedoch für 381-mm-Kanonen geeignet und besser gepanzert. Eigentlich waren vier *Richelieu*s geplant; auf Grund des Kriegsverlaufs wurden aber nur drei überhaupt auf Kiel gelegt und nur zwei fertig gestellt. Die Hauptgeschütze der *Richelieu* waren alle vorne postiert, in zwei Vierlingstürmen, während die Nebengeschütze in fünf 152-mm-Drillingstürmen nach achtern und mittschiffs installiert waren. In den Haupttürmen waren die 381-mm-Geschütze paarweise angeordnet und konnten so unabhängig gesteuert werden. Ursprünglich hatte man für die *Richelieu* einen separaten Schornstein und Kontrollturm vorgesehen, doch wurden beide schließlich miteinander verbunden. Der Schornstein neigte sich leicht nach hinten, um die Abgase von der Artillerie-Kontrollstation fern zu halten. Der Kiellegung der *Richelieu* am 22. Oktober 1935 folgte ihr Stapellauf am 17. Januar 1939. Als das Schiff im Juni 1940 erst zu 95 Prozent fertig gestellt war, lief sie aus der Werft in Brest aus, um dem deutschen Einmarsch in Frankreich zu entgehen. Gleichzeitig gelangte ihr Schwesterschiff, die *Jean Bart*, erst halb fertig nach Casablanca. Die *Richelieu* fuhr nach Dakar im Senegal, wo sich andere französische Einheiten versammelt hatten. Dort wurde die Exilflotte später von den Engländern angegriffen. Nicht irreparabel beschädigt, schlossen sich die *Richelieu* und ihre Besatzung den Alliierten an und fuhren für einen Umbau in die USA. Die *Jean Bart* fiel in die Hände der Vichy-Regierung. Die Arbeit war 1943 beendet; das Schiff hatte ein neues Radarsystem und eine erweiterte Flugabwehrausrüstung bekommen. Von da an diente die *Richelieu* bei der englischen Pazifikflotte. 1946 wurde sie formell wieder französischer Kontrolle überstellt, nachdem sie noch Einsätze in früheren französischen Kolonien in Indochina übernommen hatte. Die *Richelieu* kam 1956 in die Reserveflotte und wurde 1964 in Brest abgewrackt.

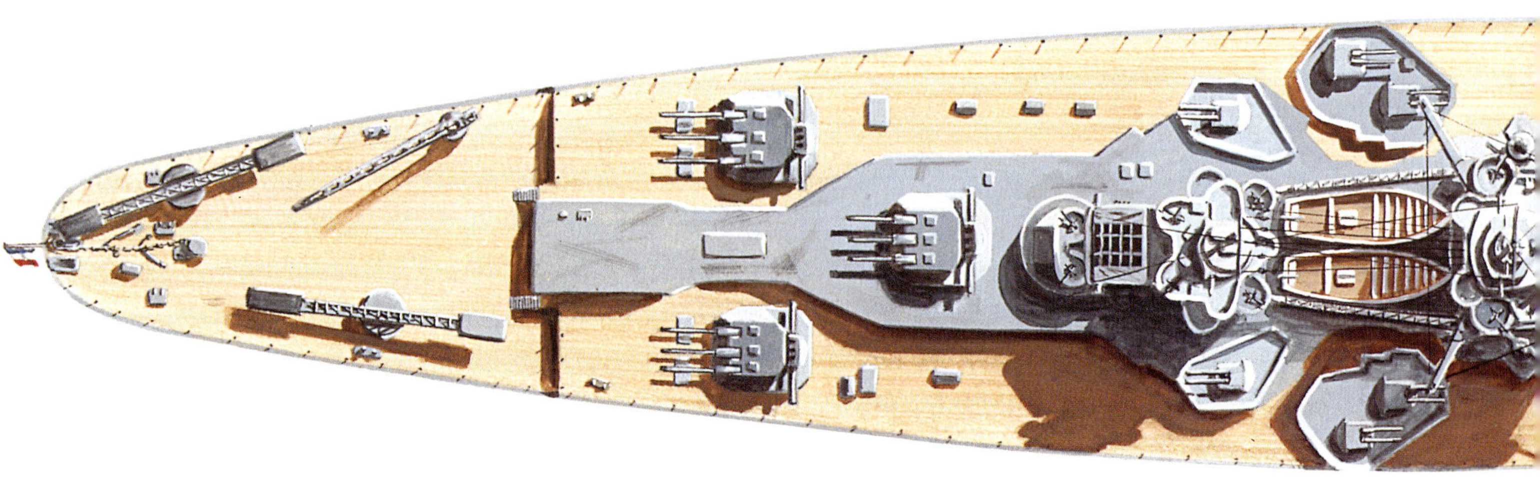

Daten

Verdrängung:	35.000 t normal; 43.293 t mit Wasserbomben
Maße:	Länge 247,9 m; Breite (an der Wasserlinie) 33 m; Tiefgang 9,6 m
Antrieb:	sechs Indret-Kessel, daran vier Parson-Turbinen mit Getriebewellen, 150.000 PS
Geschwindigkeit:	32 Knoten
Panzerung:	Gürtel 343–248 mm; Hauptdeck 171–152 mm; Haupttürme 444–171 mm; Nebentürme 140–70 mm
Bewaffnung:	acht 381-mm-Hauptgeschütze, neun 152-mm-Nebengeschütze, 12 99-mm-Flugabwehrkanonen, acht 37-mm-Flugabwehrkanonen (ersetzt durch 56 40-mm-Flugabwehrkanonen), 16 13,2 mm-Flugabwehrkanonen (ersetzt durch 48 20 mm-Flugabwehrkanonen) sowie drei Flugzeuge
Besatzung:	1.670
Herkunftsland:	Frankreich

HMS *Rodney*

Die HMS *Rodney* war die zweite und letzte Einheit der *Nelson*-Klasse, den ersten britischen Großkampfschiffen, die unter den Bedingungen des Washingtoner Abkommens gebaut wurden. Dessen wichtigste Klausel für Schlachtschiffe war die Höchstverdrängung von 35.000 Tonnen und ein maximales Kaliber von 406 mm. Die schon fast abgeschlossenen Pläne des Admiralstabs für die G3-Schlachtschiffe von 1921 gingen über diese Grenzen hinaus. Man entschied sich daher für eine abgespeckte Version der G3 mit den gleichen Hauptgeschützen, aber drastisch verringertem Panzerschutz. Infolgedessen wurden alle großen Türme vorne in dem gleichen gepanzerten Bereich montiert. Als erste britische Schlachtschiffe besaßen die Schiffe der *Nelson*-Klasse 406-mm-Kanonen und Drillingstürme. Auch die Position der Nebengeschütze in angetriebenen Türmen war neu. Die Hauptgeschütze waren nicht ideal postiert. Der Stoßeffekt war so stark, dass sie auf einen Radius von 180 Grad nach vorne beschränkt waren, da sonst das Schiff gefährdet war. Auch die Geschütze selbst hatten ihre Tücken und besaßen nur eine niedrige Schussrate, obwohl dieses Problem Anfang des 2. Weltkrieges behoben wurde. Nach einigen Jahren wurde deutlich, dass der vormals beeindruckende – wenn auch beschränkte – Panzerschutz immer anfälliger gegen Luftangriffe wurde. Die HMS *Rodney* wurde am 28. Dezember 1922 (wie die HMS *Nelson*) auf Kiel gelegt, lief am 17. Dezember 1925 vom Stapel und wurde im November 1927 fertig gestellt. Die *Rodney* besaß ein Flugzeugkatapult über dem X-Turm in der Mitte, das jedoch 1942/43 entfernt wurde. Sowohl die *Rodney* als auch die *Nelson* waren erfolgreich im Krieg, und die *Rodney* wurde durch ihre Rolle bei der Verfolgung der *Bismarck* bekannt. Gemeinsam mit der HMS *King George V* spielte die *Rodney* ein wichtige Rolle bei der Versenkung des deutschen Schlachtschiffs. Auch gehörte sie zu den Feuerschutzeinheiten, die den Versorgungskonvoi für Malta im August 1942 begleiteten. Die *Rodney* und die *Nelson* wurden 1948 abgewrackt.

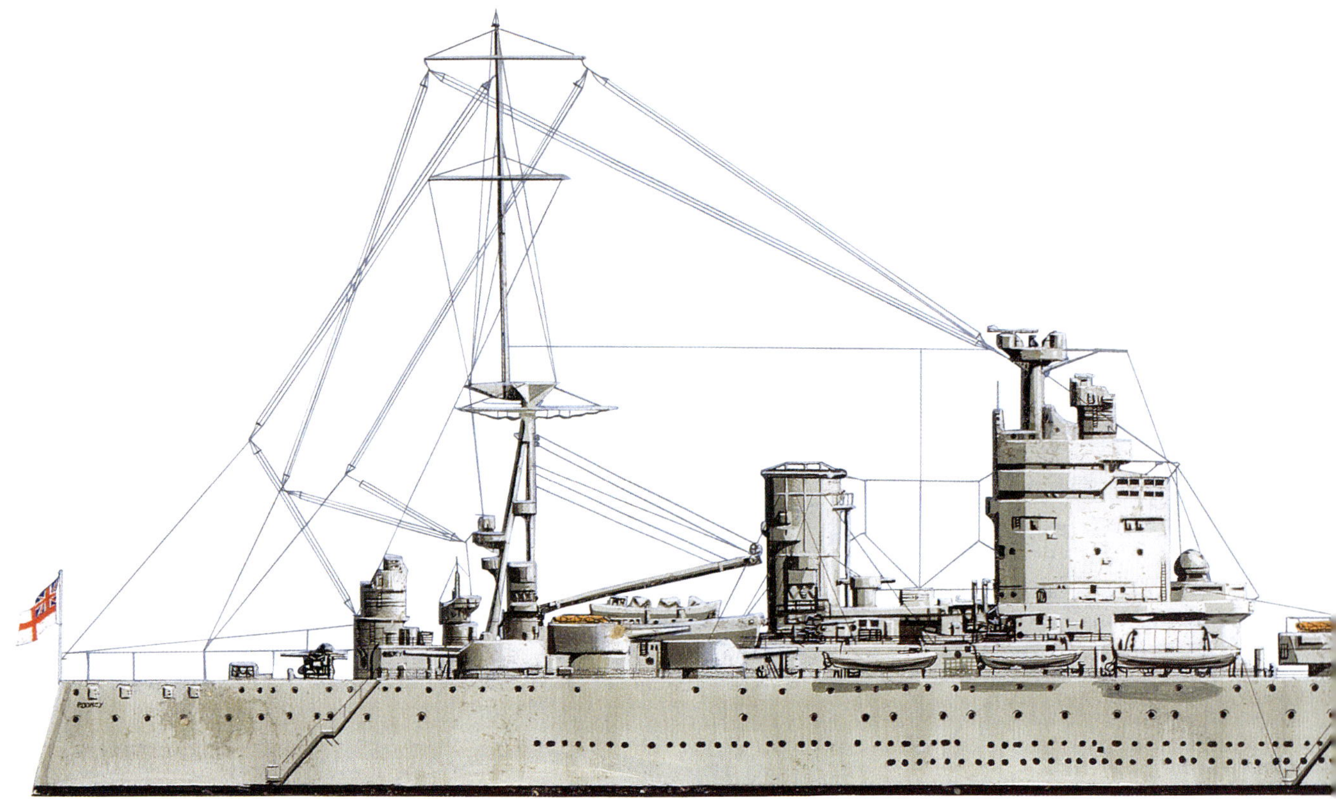

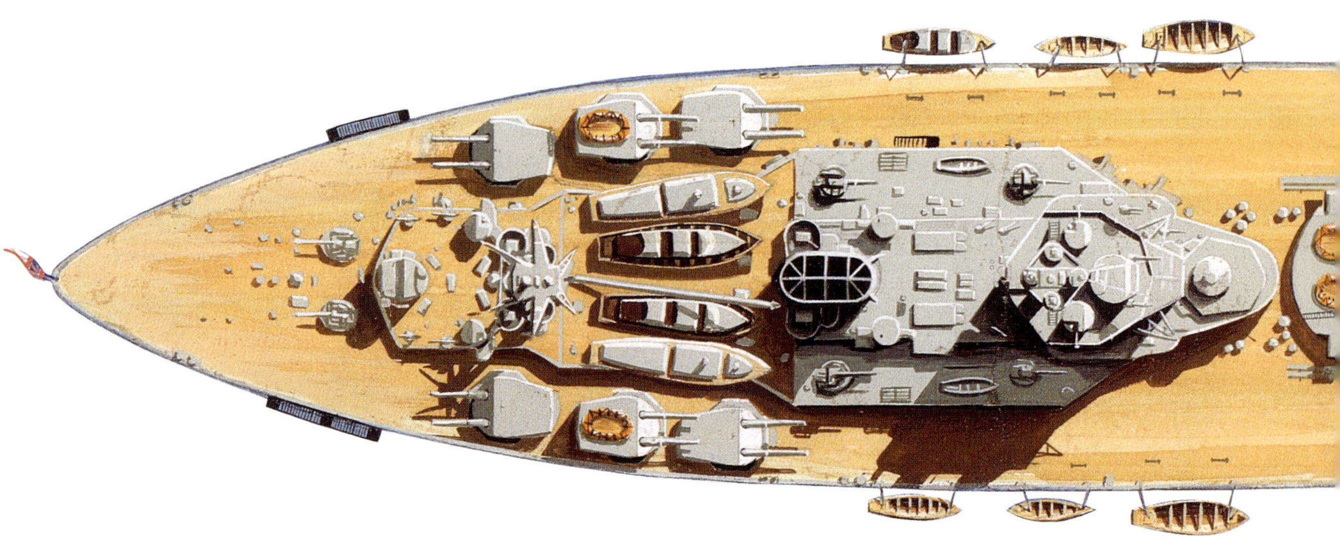

Schlachtschiffe und Schlachtkreuzer

Daten

Verdrängung:	33.730 t normal; 43.150 t mit Wasserbomben
Maße:	Länge 216,4 m; Breite (an der Wasserlinie) 32,3 m; Tiefgang 8,6 m
Antrieb:	acht Admiralty-Kessel mit drei Trommeln, daran zwei Brown-und-Curtis-Turbinen mit Getriebewellen, 45.000 PS
Geschwindigkeit:	23 Knoten
Panzerung:	Gürtel 356–330 mm; Schotten 305–356 mm; Haupttürme 406–184 mm; Nebentürme 381–305 mm
Bewaffnung:	neun 406-mm-Hauptgeschütze, 12 152-mm-Nebengeschütze, sechs 119-mm-Geschütze, acht 2-Pfünder-Superfeuer-Flugabwehrkanonen, 60–70 20-mm-Oerlikon-Flugabwehrkanonen, zwei 621-mm-Torpedorohre sowie zwei Flugzeuge
Herkunftsland:	Großbritannien
Besatzung:	1.314

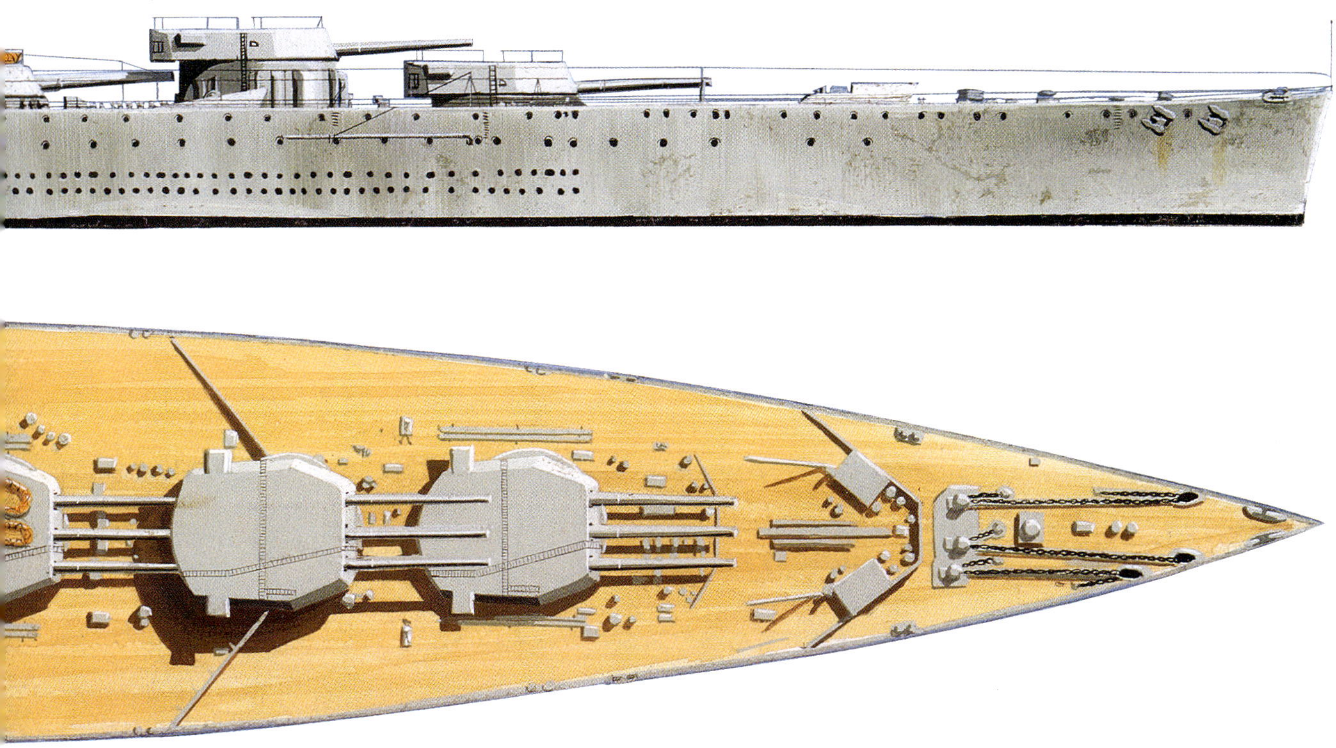

HMS *Royal Oak*

Die Schiffe der *Royal Sovereign*-Klasse (auch *Revenge*-Klasse genannt) waren die besten, die die britische Marine vor Ausbruch des 1. Weltkrieges zur Verfügung hatte. Die HMS *Royal Oak* stammte aus dem Jahr 1914. Diese Schiffe basierten auf der historischen *Iron-Duke*-Klasse und waren mit präzisen 381-mm-Kanonen bewaffnet. Guter Panzerschutz, insbesondere Unterwasserschotten und Torpedowülste, wurde hinzugefügt. Die *Royal Sovereigns* besaßen Ölbrenner, doch da man eine Rohstoffknappheit im Krieg fürchtete, plante man, sie zu Kohlebrennern umzubauen. Daraufhin intervenierte Admiral Fisher, der Chef des Admiralstabs, und die Schiffe behielten ihre Originalmotoren, die auch eine höhere Geschwindigkeit ermöglichten. Zwar waren sie nicht so schnell wie die der konkurrierenden *Queen-Elizabeth*-Klasse, doch waren sie zuverlässigere Kanonenstationen. Die HMS *Royal Oak* lief am 17. November 1914 vom Stapel, und Mitte der 20er Jahre erhielt sie einen gewölbten Körper, vergrößerten Tiefgang und mehr Wasserbomben. Zwischen 1934–1936 brachte man zusätzliche Panzerung über den Magazinen und den Maschinenräumen an; diese Veränderungen wurden bei keinem anderen Schiff der Klasse vorgenommen. Bei Ausbruch des 2. Weltkriegs war die *Royal Oak* ein leistungsfähiges, doch veraltetes Schlachtschiff. Sie bekam nie eine Chance, sich im Einsatz zu bewähren. In der Nacht zum 13. Oktober 1939 bahnte sich der deutsche U-Boot-Korvettenkapitän Günther Prien einen Weg durch die Scapa-Durchfahrt, den Hafen der britischen Heimatflotte, der als undurchdringlich galt. Prien führte sein U-Boot U-47 kanalaufwärts, bis er in Reichweite der englischen Schlachtschiffe war. Er versenkte die HMS *Royal Oak* durch drei Torpedos und beschädigte die HMS *Resolution* und die HMS *Ramillies*. Prien entkam. Der Angriff war ein schwerer Schlag für die britische Moral.

Daten

Verdrängung:	28.000 t normal; 31.200 t mit Wasserbomben
Maße:	Gesamtlänge 190,3 m; Breite (an der Wasserlinie) 27 m; Tiefgang 8,7 m
Antrieb:	18 Babcock-und-Wilcox-Kessel mit vier Parsons-Turbinen, 42.650 PS
Geschwindigkeit:	22 Knoten
Panzerung:	Gürtel 330–102 mm; Schotten 102–25 mm; Haupttürme 330–115 mm; Nebentürme 152 mm
Bewaffnung:	acht 381-mm-Hauptgeschütze, 14 152-mm-Nebengeschütze, zwei 75-mm-Geschütze, vier 3-Pfünder-Kanonen, vier 533-mm-Torpedorohre
Besatzung:	997
Herkunftsland:	Großbritannien

HMS *Warspite*

Die Schlachtschiffe des 1. Weltkrieges wurden an der *Queen-Elizabeth*-Klasse gemessen; die Schiffe dieser Klasse waren die ersten ihrer Art mit Ölfeuerung. Die HMS *Warspite* wurde als zweite gebaut und war wie die anderen (außer der HMS *Queen Elizabeth* selbst) ein Veteran der Schlacht von Jütland, die so wichtig für den weiteren Kriegsschiffbau wurde. Bei Jütland wurde die HMS *Warspite* schwer beschädigt, überstand die Schlacht jedoch. Die *Queen Elizabeth*-Schiffe besaßen schon 381-mm-Kanonen, als vergleichbare Schiffe noch 356-mm-Geschütze hatten. Der Schutz war gut, da die Ölkessel Gewicht sparten, was der Panzerung zugute kam. Im 1. Weltkrieg bildeten die *Queen Elizabeth*-Schiffe eine geschlossene Staffel. Nach dem Krieg gehörten sie zu den besten Schiffen der Flotte, und in den 20er-Jahren fanden umfangreiche Modernisierungsarbeiten statt. Bei einer Umarbeitung 1924–1926 erhielt die HMS *Warspite* neue leichte Geschütze. Ihre beiden Schornsteine wurden zu einer Einheit verbunden, und der Unterwasserschutz wurde durch Torpedowülste erweitert. Bei einer zweiten Phase der Modernisierung 1934–1936 wurde die Panzerung über den Magazinen und Maschinenräumen auf dem Mitteldeck verstärkt. Neue Flugabwehrkanonen und ein Querstart-Katapult für vier Flugzeuge kamen hinzu (welches 1943 wieder entfernt wurde). Im 2. Weltkrieg spielten alle *Queen Elizabeth*-Schiffe wichtige Rollen, obwohl die HMS *Barham* 1941 vom deutschen *U-331* torpediert wurde. Die HMS *Warspite* hielt lange durch und war am Norwegen-Feldzug, der Atlantik-Schlacht und an Gefechten im Indischen Ozean beteiligt. Auch gab sie Feuerschutz bei den Landungen der Alliierten in Sizilien. Bei einem Einsatz im Mittelmeer wurde die *Warspite* am 16. September 1943 von deutschen Bombern angegriffen und erlitt schwere Schäden durch Lenkraketen vom Typ FX1400. 5.000 Tonnen Wasser brachen in das Schiff ein, das es gerade noch nach Malta schaffte. Nach notdürftigen Reparaturen diente es als Bomberschiff mit nur sechs einsatzfähigen 381-mm-Kanonen und weder 152-mm-Geschützen noch anderer leichter Artillerie. Bei den Landungen in der Normandie gab die *Warspite* Deckung, wurde aber am 13. Juni 1944 durch eine Mine wieder beschädigt. Den Rest des Krieges überstand sie bis zu ihrem Verkauf 1946. In der Zeit ihrer Einsätze 1916–1945 erhielt die HMS *Warspite* die meisten Gefechtsschäden aller englischen Kampfschiffe.

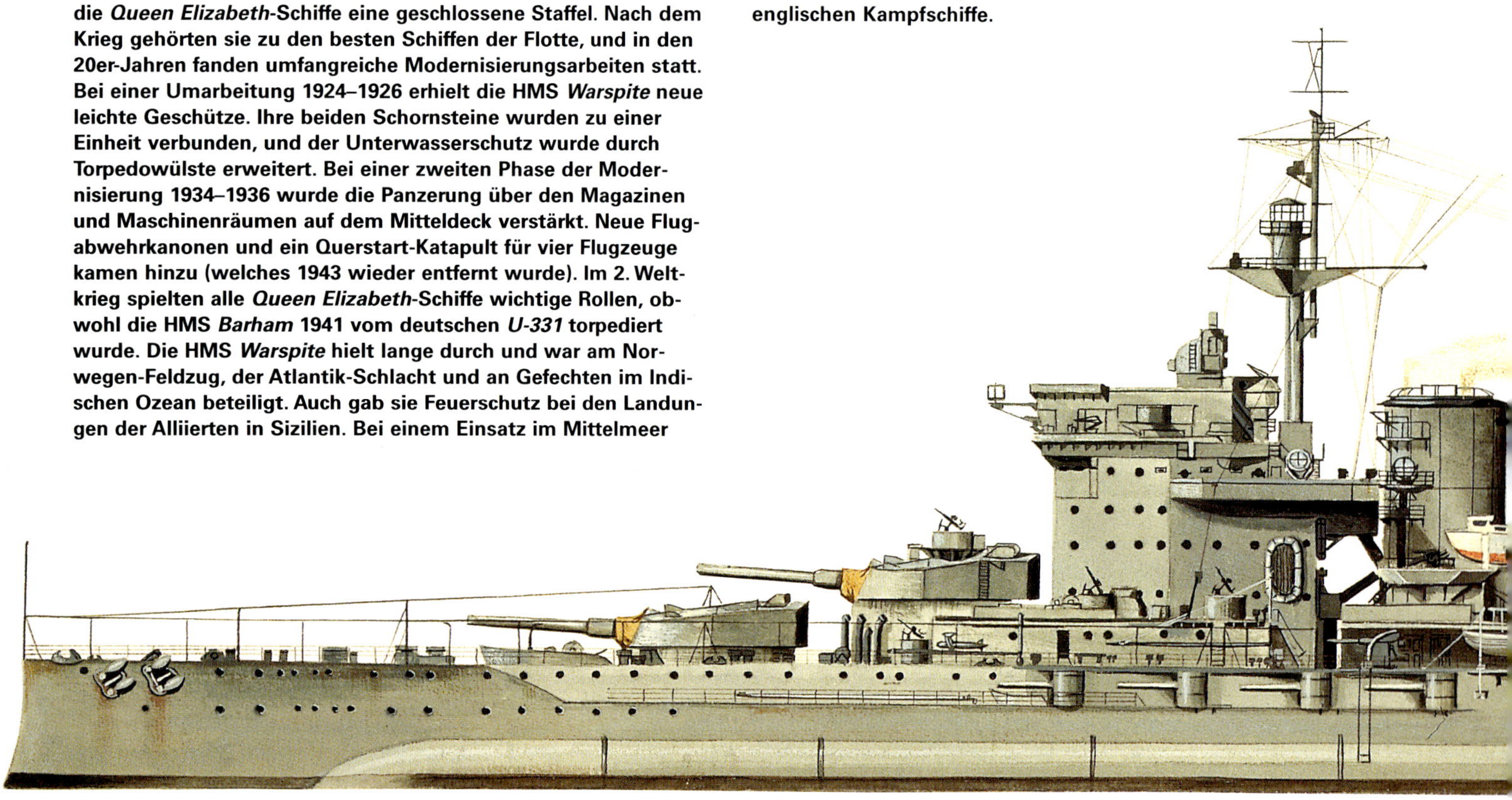

Daten

Verdrängung: 27.500 t normal; 36.450 t mit Wasserbomben
Maße: Gesamtlänge 196,9 m; Breite (an der Wasserlinie) 27,6 m; Tiefgang 10,1 m
Antrieb: 18 Admiralty-Kessel mit drei Trommeln, daran vier Parsons-Turbinen mit Getriebewellen, 80.000 PS
Geschwindigkeit: 23,5 Knoten
Panzerung: Gürtel 330–102 mm; Schotten 152–102 mm; Haupttürme 330–127 mm; Nebentürme 152 mm
Bewaffnung: acht 381-mm-Hauptgeschütze, acht 152-mm-Nebengeschütze, acht 102-mm-Superfeuergeschütze, 32 2-Pfünder-Superfeuer-Flugabwehrkanonen (später 40 Superfeuer- und 35 20-mm-Flugabwehrkanonen)
Besatzung: 925
Herkunftsland: Großbritannien

Yamato

Unter größter Geheimhaltung legte Japan 1937 das erste von vier geplanten großen Schlachtschiffen auf Kiel, die den besten Schiffen der britischen Marine überlegen sein sollten. Diese gigantischen Schiffe besaßen die größte Verdrängung, die schwerste Panzerung und die größten Geschütze in der Geschichte des Seekriegs. Das führende Schiff dieser Klasse war die *Yamato*. Mit riesigen 457-mm-Kanonen in Drillingstürmen bewaffnet, hatte die *Yamato* mit ihren 1.460-kg-Granaten eine Geschütz-Reichweite von 42 km und eine Schussrate von eineinhalb bis zwei Runden pro Minute. Dabei konnte sie Einschlägen von 457-mm-Granaten aus einer Entfernung von 20–30 km standhalten. Auch der Schutz gegen Bomben war beeindruckend; der Unterwasserschutz schien dagegen überraschend schwach, was sich im Gefecht jedoch nicht bestätigte. Die *Yamato* wurde am 4. November 1937 auf Kiel gelegt, lief am 8. Juli 1940 vom Stapel und wurde am 16. Dezember 1941 fertig gestellt. Ihr folgte 1942 ein zweites großes Schlachtschiff, die *Musashi*. Ein drittes Schiff, die *Shinano*, wurde in einen Flugzeugträger umgewandelt. Das geplante vierte Schiff wurde niemals vollendet. Als die Schiffe der *Yamato*-Klasse zum Einsatz kamen, hatte Japan jedoch schon die Kontrolle über den Pazifik verloren. Ohne ihren eigenen Flugzeugschutz waren die *Yamato*s angreifbar für amerikanische Flugzeugträger; infolgedessen zeigte sich das japanische Oberkommando unwillig, die großen Schlachtschiffe auszusenden. Beide Schiffe, die gesuchtesten Ziele der japanischen Marine, wurden schließlich getroffen und versenkt, wenn auch nicht ohne Schwierigkeiten. Die *Musashi* erlitt wahrscheinlich 19 Torpedo- und 17 direkte Bombeneinschläge, bevor sie im Oktober 1944 im Golf von Leyte unterging. Die *Yamato* blieb noch länger im Einsatz, wurde jedoch am 7. April 1945 im Ostchinesischen Meer abgefangen, als sie einen Durchbruch zu den belagerten japanischen Truppen auf Okinawa versuchte. Nicht weniger als 386 US-Marineflugzeuge waren an der Versenkung der *Yamato* beteiligt, die erst nach 11–15 Torpedotreffern und sieben weiteren Bombeneinschlägen gelang.

Daten

Verdrängung:	63.000 t normal; 71.659 t mit Wasserbomben
Maße:	Gesamtlänge 263 m; Breite (an der Wasserlinie) 36,9 m; Tiefgang 10,4 m
Antrieb:	12 Kessel, daran vier Turbinen mit Getriebewellen, 150.000 PS
Geschwindigkeit:	27 Knoten
Panzerung:	Gürtel 4.089 mm; Deck 231–178 mm; Schotten 152–102 mm; Haupttürme 643–193 mm
Bewaffnung:	neun 460-mm-Hauptgeschütze, 12 155-mm-Nebengeschütze, ersetzt durch 12 127-mm-Geschütze, 12 127-mm-Mehrzweckgeschütze, 150 25-mm-Flugabwehrkanonen (1945), vier 13,2-mm-Flugabwehrkanonen sowie sieben Flugzeuge
Besatzung:	2.500
Herkunftsland:	Japan

Chokai

Die Kreuzer der japanischen *Takao*-Klasse basierten auf der früheren *Nachi*-Klasse, den ersten schweren Kreuzern, die auf der Grundlage des Washingtoner Abkommens von 1922 entworfen wurden. Sie waren etwas schwerer als die erlaubten 10.000 Tonnen. Die *Takao*-Klasse war sogar noch schwerer: Sie wies eine Verdrängung von 11.400 Tonnen auf. Die offizielle Zahl wurde mit 9.850 Tonnen angegeben. Zusammen mit den vier Schiffen der *Nachi*- und zweien der *Aoba*-Klasse bildeten die vier *Takao*-Schiffe zu Kriegsbeginn das Rückgrat der japanischen Kreuzerflotte. Änderungen bei den *Takao*s betrafen die Brückenpanzerung auf einem modifizierten Aufbau, einen zweiten, aufrechten Schornstein und veränderte Torpedorohre, die zum Feuern ausgeschwenkt werden konnten. Die Hauptgeschütze konnten zur Flugabwehr bis zu 70 Grad aufgerichtet werden. Die *Chokai* wurde am 26. März auf Kiel gelegt, lief am 5. April 1931 vom Stapel und wurde am 30. Juni 1932 fertig gestellt. Kurz vor Ausbruch des 2. Weltkriegs unterzog man die *Chokai* einer Modernisierung, bei der die ursprünglichen 119-mm-Nebengeschütze durch 127-mm-Kanonen ersetzt und neue 13,2-mm-Flugabwehrkanonen installiert wurden. Von den vier Kreuzern der *Takao*-Klasse wurden drei in den Schlachten im Golf von Leyte 1944 versenkt. Sowohl die *Atago* als auch die *Maya* (das zweite bzw. dritte Schiff der Klasse) wurden am 23. Oktober 1944 versenkt, die *Chokai* nur zwei Tage später, am 25. Oktober. Die *Chokai* gehörte zu der zentralen Kampfeinheit bei Leyte unter Vizeadmiral Kurito und war einer der zehn schweren Kreuzer, die an der Schlacht von Samar teilgenommen hatte. Nach wiederholten Sturzbomberattacken wurde sie versenkt. Zuvor hatte sie Schäden durch die US-Zerstörergruppe erlitten, die die eigentlich überlegene japanische Streitmacht abwehrte.

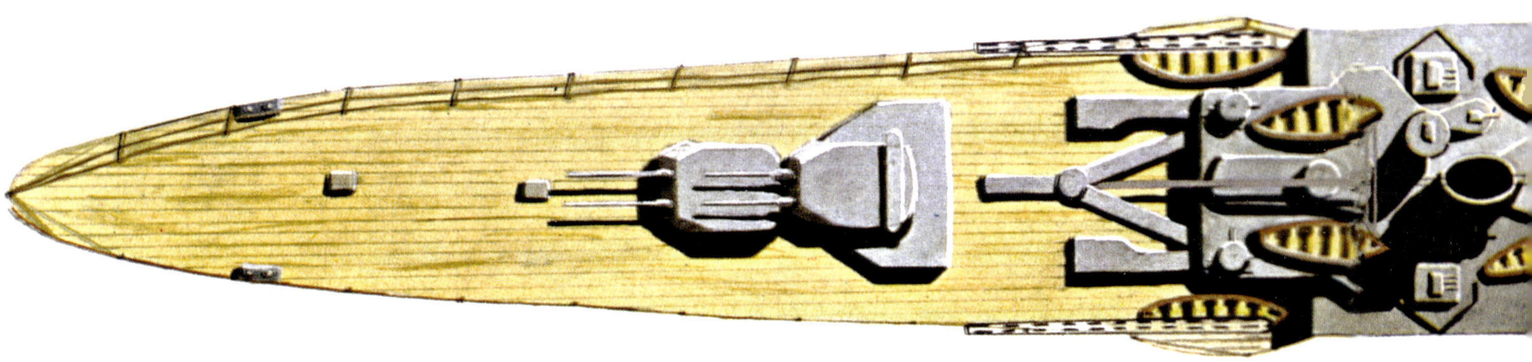

Daten

Verdrängung:	13.400 t normal; 14.600 t mit Wasserbomben
Maße:	Länge 203,8 m; Breite (an der Wasserlinie) 18 m; Tiefgang 6,1 m
Antrieb:	12 Kessel, daran vier Turbinen mit Getriebewellen, 130.000 PS
Geschwindigkeit:	35,5 Knoten
Panzerung:	Gürtel 1.245–990 mm; Deck 35 mm; Haupttürme 25 mm
Bewaffnung:	zehn 203-mm-Hauptgeschütze, vier 119-mm-Flugabwehrkanonen, ersetzt durch acht 127-mm-Flugabwehrkanonen, vier 40-mm-Flugabwehrkanonen, vier 13,2-mm-Flugabwehrkanonen, acht 609-mm-Torpedorohre sowie drei Flugzeuge
Besatzung:	773
Herkunftsland:	Japan

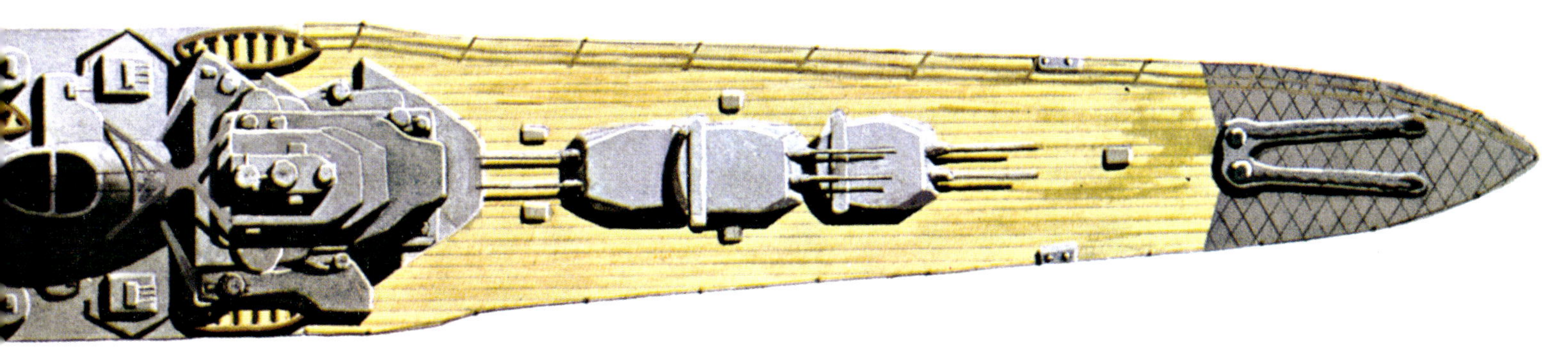

HMS *Exeter*

Die HMS *Exeter* war das einzige Schiff ihrer Klasse, ein Kreuzer auf der Linie der früheren *York-*, *Norfolk-* und *London*-Klassen. Sie war klein und mit 203-mm-Geschützen leicht bewaffnet. Sie besaß moderne Elemente wie schiffsgestützte Flugzeuge, doch die maximale Richthöhe ihrer eigenen Kanonen lag bei 50 Grad, was die Wirksamkeit gegen Flugzeuge einschränkte. Am 1. August 1928 wurde die *Exeter* auf Kiel gelegt; sie lief am 18. Juli 1929 vom Stapel und wurde am 23. Juli 1931 fertig gestellt. Bis zum Ausbruch des 2. Weltkriegs blieb sie unverändert. Nach den ersten Kriegshandlungen folgten bald die ersten Einsätze. Zusammen mit der HMS *Achilles* und der HMS *Ajax* gehörte sie zu der Kreuzerstaffel unter Kommodore (später Admiral) H. H. Harwood, die im Dezember 1939 an dem Angriff auf die *Graf Spee* am Rio de la Plata teilnahm. Als sie die *Graf Spee* allein angriff, wurde die *Exeter* von sieben 280-mm-Geschossen des deutschen Kreuzers sowie Splittern anderer Beinahe-Einschläge getroffen. Sie wurde schwer beschädigt; alle ihre 203-mm-Geschütze waren einsatzunfähig. Bei den 14-monatigen Reparaturen wurde ihre Artillerie überholt und aufgestockt, und die Haupttürme erhielten eine Richthöhe von 70 Grad. Nach ihrer Rückkehr in die Flotte

Daten

Verdrängung:	8.390 t normal; 11.000 t mit Wasserbomben
Maße:	Länge 175,3 m; Breite (an der Wasserlinie) 17,7 m; Tiefgang 6,2 m
Antrieb:	acht Admiralty-Kessel mit drei Trommeln, daran vier Parsons-Turbinen mit Getriebewellen, 80.000 PS
Geschwindigkeit:	32 Knoten
Panzerung:	Magazingehäuse 1.016–254 mm; Seite 7,62 cm
Bewaffnung:	sechs 203-mm-Hauptgeschütze, vier 102-mm-Schnellfeuergeschütze (später acht), zwei 2-Pfünder-Superfeuer-Flugabwehrkanonen, sechs 533-mm-Torpedorohre
Besatzung:	630
Herkunftsland:	Großbritannien

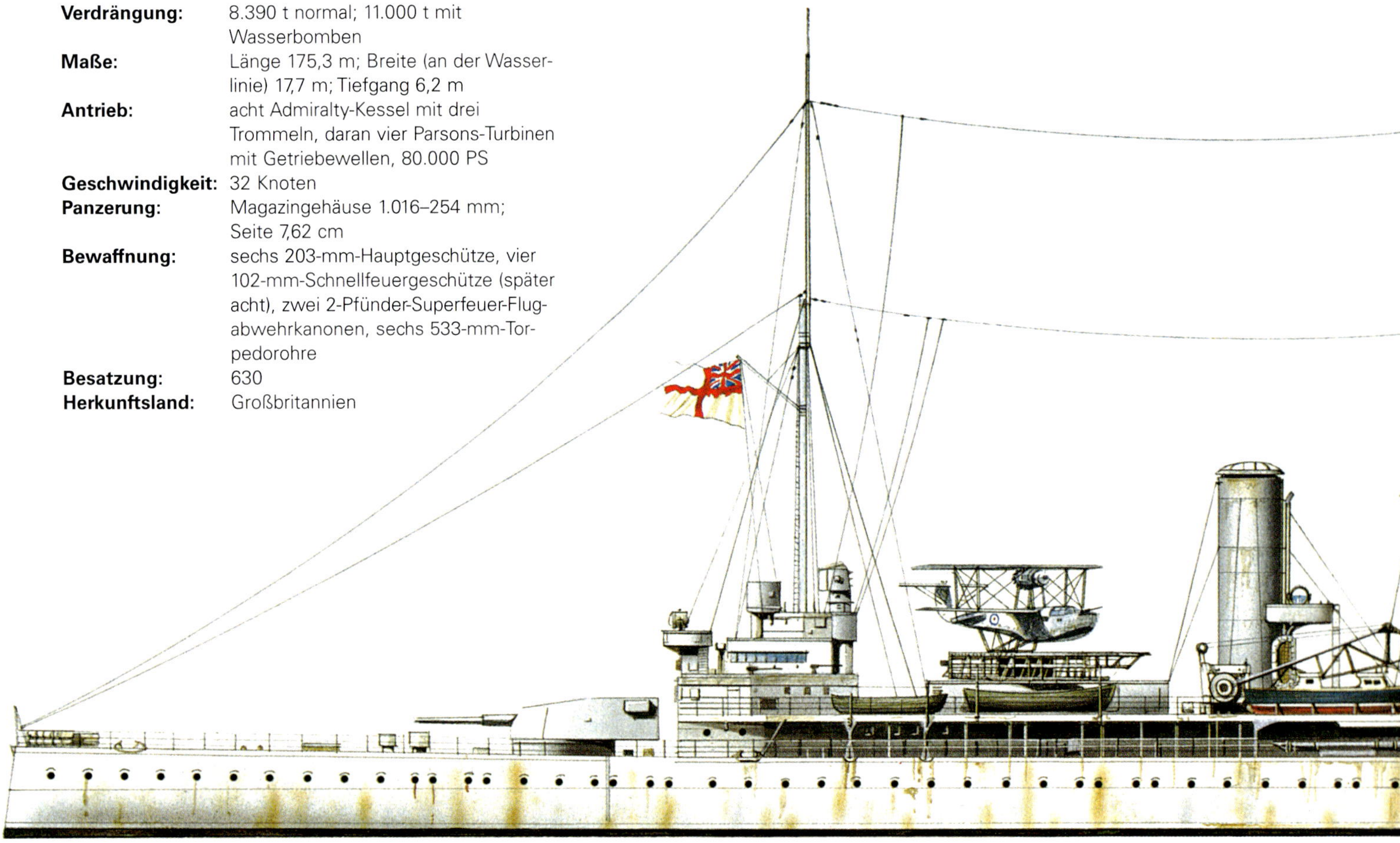

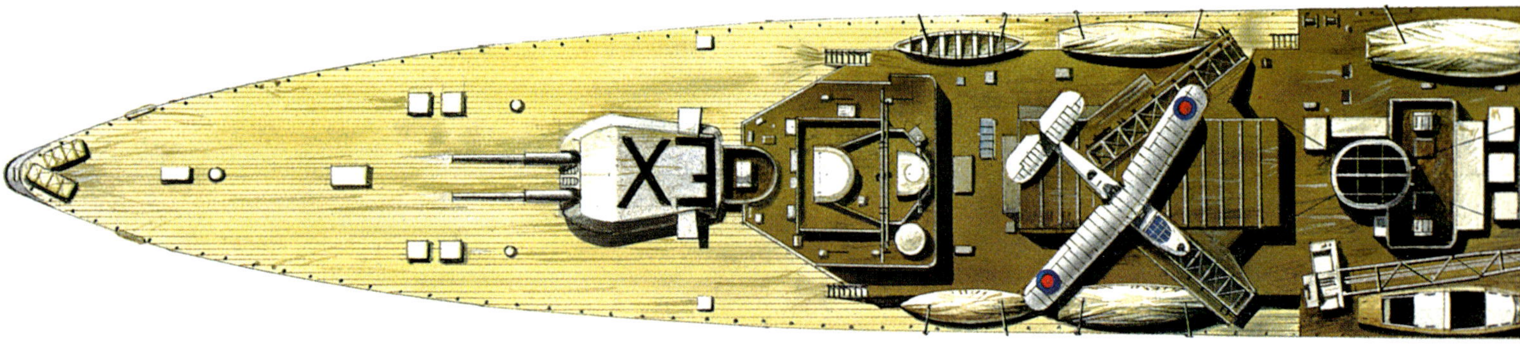

wurde die *Exeter* im Februar/März 1942 bei der Schlacht im Javameer von einer japanischen 203-mm-Granate getroffen, die den Kesselraum achtern beschädigte und die Geschwindigkeit auf 16 Knoten drosselte. Zwei Tage später wurde sie wieder von japanischen Kreuzern angegriffen und musste Treffer am vorderen Kessel hinnehmen. Die *Exeter* wurde aufgegeben und abgewrackt. Ihrem Untergang kam der Torpedo eines japanischen Zerstörers am 1. März 1942 zuvor.

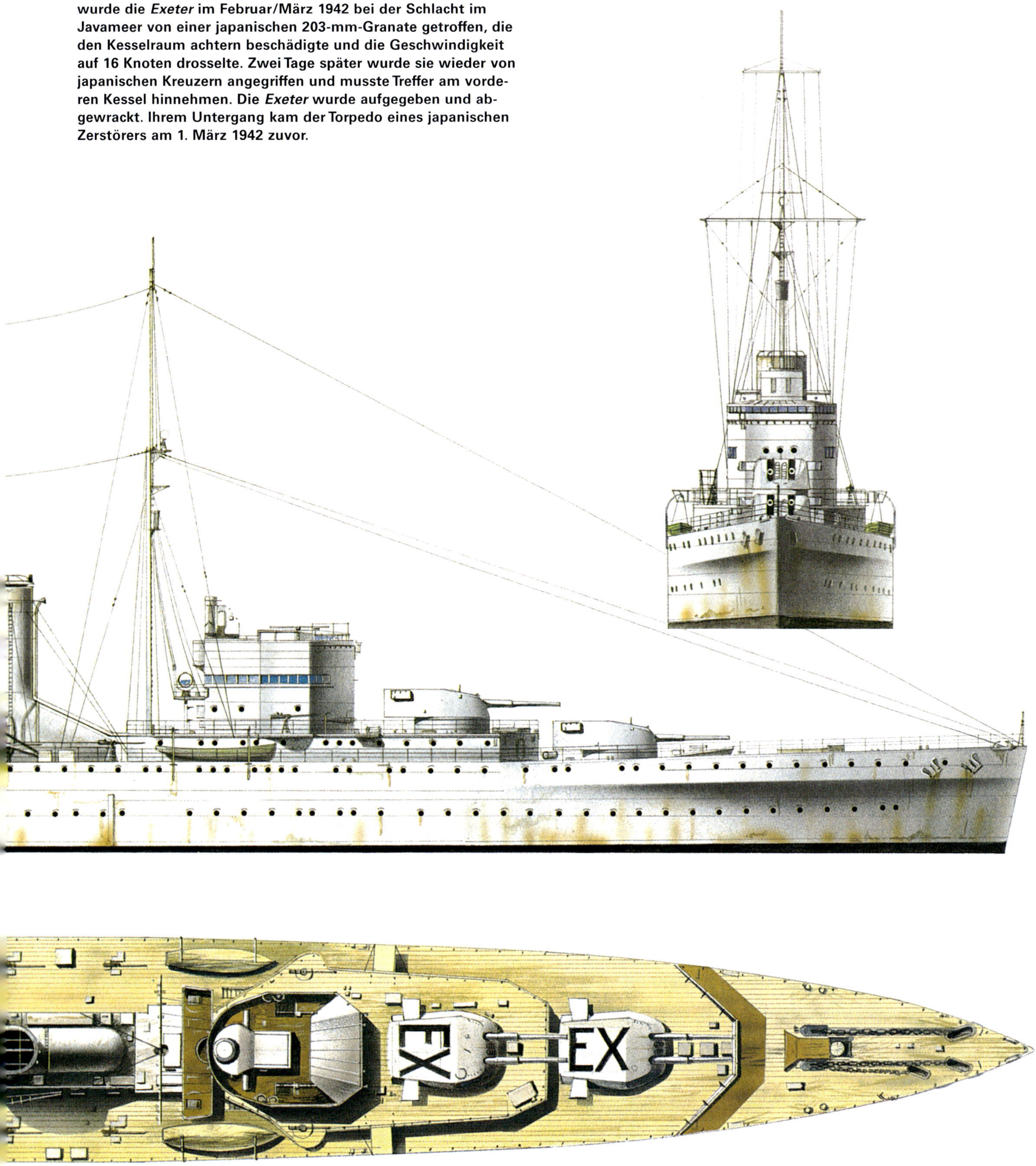

Giovanni Delle Bande Nere

Als Ende der 30er Jahre die italienische Marine erweitert wurde, bewiesen Italiens Schiffskonstrukteure ein gutes Gespür beim Bau moderner Kampfschiffe. Eine Reihe gut durchdachter Kreuzer und Schlachtschiffe entstand. Die Schiffe der *Giussano*-Klasse waren die ersten Kreuzer, die im Rahmen des großen Erweiterungsprogramms 1927/28 gebaut wurden; gedacht waren sie als schnelle Aufklärungskreuzer, die kleinere gegnerische Schiffe wie Zerstörer verfolgen und versenken sollten. Motiviert wurde diese Strategie durch das Erscheinen neuer, großer französischer Zerstörer wie den Schiffen der *Aigle-*, *Lion-* und *Jaguar*-Klassen. Vieles wurde der Geschwindigkeit geopfert, und die Schiffe waren nur leicht gepanzert. Der Basisschutz war so schlecht, dass ein normaler Zerstörer, sobald er in Reichweite war, schwere Schäden verursachen konnte. Die Klasse wurde für die Bedingungen im Mittelmeer gebaut und war eher instabil und nicht strapazierfähig. Unmut bei der Besatzung verursachte auch der enge Innenraum. Einige dieser Mängel wurden bei den Kreuzern der folgenden *Cardona*-Klasse behoben, die wie die *Giussano*-Klasse zum *Condottieri*-Typ zählte. Das Flagschiff der *Giussano*-Klasse, die *Albercio Da Barbian*, lief acht Stunden lang mit fast 40 Knoten, bei einer möglichen Höchstgeschwindigkeit von 42 Knoten. Die *Giovanni Delle Bande Nere* war das vierte und letzte Schiff der Klasse. Sie wurde am 31. Oktober 1928 auf Kiel gelegt, lief am 27. April 1930 vom Stapel und wurde im April 1931 fertig gestellt. Bei ihren eigenen Tests erreichte sie eine Höchstgeschwindigkeit von 38,2 Knoten, doch in der Regel fuhr sie etwa 30 Knoten. Alle Schiffe dieser Klasse waren Minenkreuzer und hatten ein Katapult auf dem Vorderdeck. Die *Giussano*-Klasse wurde von der britischen Marine bereits 1942 vollständig versenkt. Zwei der Kreuzer wurden am selben Tag vor Kap Bon durch eine Gruppe von vier Zerstörern versenkt, wobei die Mängel der italienischen Panzerung deutlich wurden. Das dritte Schiff wurde von dem Kreuzer HMS *Sydney* versenkt. Schließlich wurde die *Giovanni Delle Bande Nere* selbst von dem U-Boot HMS *Urgent* vor Stromboli am 1. April 1942 torpediert und versenkt.

Daten

Verdrängung:	5.130 t normal; 6.844 t mit Wasserbomben
Maße:	Länge 169,3 m; Breite (an der Wasserlinie) 15,5 m; Tiefgang 5,4 m
Antrieb:	sechs Yarrow-Kessel, daran zwei Belluzzo-Turbinen mit Getriebewellen, 128.200 PS
Geschwindigkeit:	30 Knoten (normal)
Panzerung:	Gürtel 240–178 mm; Deck 200 mm; Schotten 200 mm; Haupttürme 229 mm
Bewaffnung:	acht 152-mm-Hauptgeschütze, sechs 102-mm-Flugabwehrkanonen, acht 37-mm-Flugabwehrkanonen, acht 13,2-mm-Luftabwehrkanonen, vier 533-mm-Torpedorohre sowie zwei Flugzeuge
Besatzung:	1.830–1.950
Herkunftsland:	Italien

USS *Indianapolis* (CA-35)

Die USS *Indianapolis* war der zweite und letzte von fünf geplanten Kreuzern der *Portland*-Klasse. Die folgenden Schiffe wurden hinsichtlich ihrer Panzerung überarbeitet, da sowohl die *Portland* als auch die *Indianapolis* schlecht vor U-Booten geschützt waren. Am 31. März 1930 wurde die *Indianapolis* auf Kiel gelegt, am 7. November 1931 lief sie vom Stapel, und am 15. November 1932 wurde sie fertig gestellt. Obwohl sie das Flaggschiff der 5. Flotte der US-Marine war, ist sie der Öffentlichkeit eher durch den Film *Der weiße Hai* in Erinnerung, und zwar durch die Szene, in der der Haifänger Quint (gespielt von Robert Shaw) von der Nacht erzählt, in der sie verloren ging, und vom Schicksal ihrer Besatzung. Die *Indianapolis* war das letzte große amerikanische Schiff, das im 2. Weltkrieg versenkt wurde; sie spielt jedoch auch für das Kriegsende eine wichtige Rolle. Sie beförderte die erste Atombombe von Amerika zu der Insel Tinian, wo sich die B-29-Bomber der 509. Gruppe auf den Abwurf auf Hiroshima vorbereiteten. Nach erfüllter Mission wurde die *Indianapolis* zu den Philippinen entsandt, wo sie sich der Flotte zum Golf von Leyte anschließen sollte. Auf dem Weg dorthin wurde sie von dem japanischen U-Boot *I-58* torpediert. Um 0.14 Uhr am 30. Juli 1945 brachen zwei Torpedos das Schiff auf, und es ging in kurzer Zeit unter. Von den 1.196 Besatzungsmitgliedern schafften es etwa 900 ins Wasser. Sie wurden anschließend fünf Tage lang bis zur Bergung von Haien attackiert. Am vierten Tag entdeckte ein PV-1-Ventura-Flugzeug der US-Marine Wrackteile und Schlauchboote. „Viele Menschen im Wasser!", lautete die Meldung. Ein PBY-Catalina-Flugzeug wurde entsandt, dessen Pilot einen US-Zerstörer alarmierte, die *Cecil Doyle*. Auf Anordnung des Kapitäns steuerte die *Doyle* auf das Rettungsgebiet zu. Als die PBY-Catalina ankam, um Rettungsflöße und Versorgungsgüter abzuwerfen, sah der Pilot Männer, die von Haien angegriffen wurden, und missachtete seine Vorschrift, nicht im Wasser zu landen, um Überlebende aufzunehmen. Erst durch die Schiffbrüchigen erfuhr man vom Verlust der *Indianapolis*. Die PBY-Catalina holte 56 Überlebende aus dem Wasser – manche wurden an die Flügel gebunden – und wartete auf die *Cecil Doyle*. Die Suchscheinwerder des Zerstörers waren für viele Überlebende die Erlösung. Von den 900 Männern, die ursprünglich im Wasser waren, wurden nur 317 gerettet. Was im Folgenden geschah, löste eine bis heute andauernde Kontroverse aus. Als einziger US-Kapitän wurde der Kapitän der *Indianapolis* für den Verlust seines Schiffes verantwortlich gemacht und vor ein Kriegsgericht gestellt. Captain McVay hatte die Anweisung, im Zickzack zu fahren, um Abfangjägern auszuweichen, doch hatte er sich in einer bewölkten Nacht für einen geraden Kurs entschieden, da das Risiko, entdeckt zu werden, gering war. Kurz nach Mitternacht lichteten sich die Wolken lang genug, dass der Kapitän des *I-58*, Mochitura Hashimoto, die *Indianapolis* sehen und

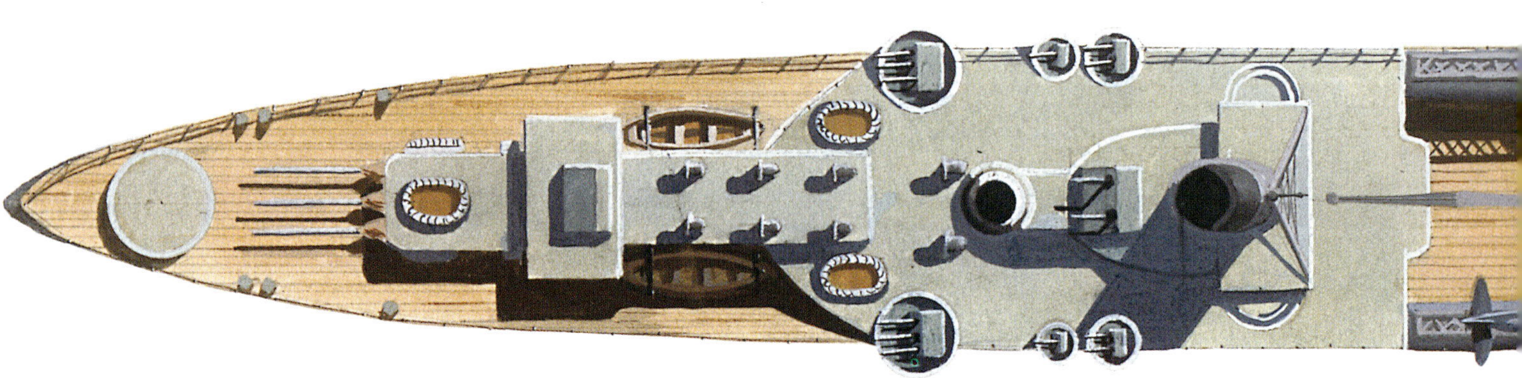

auf sie feuern konnte. Hashimoto wurde vor das Kriegsgericht zitiert und sagte aus, dass er den Kreuzer in jedem Fall getroffen hätte, ob er im Zickzack gefahren wäre oder nicht. Nichtsdestoweniger urteilten die Verantwortlichen, dass McVay seine Anweisungen missachtet hatte, und er fiel in Ungnade. Später kam heraus, dass der US-Marine bekannt war, dass ein japanisches U-Boot in der Gegend im Einsatz war (die *I-58* hatte vier Tage vorher ein anderes Schiff versenkt), wovon sie McVay nicht informiert hatte. Die *Indianapolis* hatte eine U-Boot-Abwehrbegleitung beantragt, sie jedoch nicht bekommen. Die USA hatten die japanischen Marinecodes entschlüsselt und die Nachricht von der *I-58* über den Verlust des Kreuzers abgefangen, aber nicht darauf reagiert. Auch wurde keine Suche unternommen, als die *Indianapolis* nicht nach Plan ankam. Im Lichte dieser Beweise wird noch heute eine Kampagne zur nachträglichen Rehabilitierung von Captain McVay betrieben.

Daten

Verdrängung:	10.258 t normal; 12.755 t mit Wasserbomben
Maße:	Länge 185,9 m; Breite (an der Wasserlinie) 20,1 m; Tiefgang 6,4 m
Antrieb:	acht Yarrow-Kessel, daran Parsons-Turbinen mit vier Getriebewellen, 107.000 PS
Geschwindigkeit:	32,5 Knoten
Panzerung:	Gürtel 146–57 mm
Bewaffnung:	neun 203-mm-Hauptgeschütze, acht 127-mm-Nebengeschütze, 8 40- und 20-mm-Flugabwehrkanonen, acht 12,7-mm-Maschinengewehre sowie vier Flugzeuge
Besatzung:	917
Herkunftsland:	USA

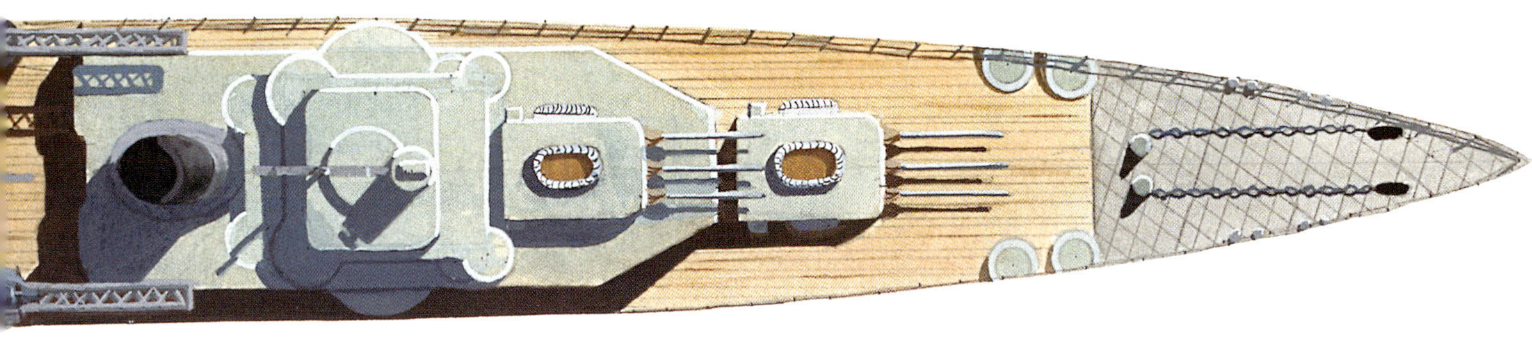

HMS *Jamaica*

Die Kreuzer der *Fiji*-Klasse wurden als die besten der britischen Marine in den ersten Kriegsjahren angesehen. Alle elf Schiffe wurden nach britischen Kolonien benannt. Die Klasse wurde 1938/39 eilig auf Kiel gelegt und von 1941 an in Dienst gestellt. Die Schiffe waren zumeist mit 12 152-mm-Kanonen ausgerüstet (manche besaßen nur neun), entsprechend gepanzert und erreichten über 30 Knoten. Am 28. April 1939 wurde die *Jamaica* als sechstes Schiff der Klasse auf Kiel gelegt; der Stapellauf erfolgte am 16. November 1940 und die Fertigstellung am 29. Juni 1942. Bis zu diesem Zeitpunkt hatten einige ihrer Schwesterschiffe schon beträchtliche Einsätze hinter sich, und die HMS *Fiji* selbst war schon versenkt worden. Trotz einiger schwerer Einsätze und ernster Schäden überstanden alle anderen zehn Kreuzer der *Fiji*-Klasse den Krieg. Die HMS *Jamaica* wurde vor allem durch ihre Zusammenstöße mit größeren deutschen Schlachtschiffen bekannt. Als Teil des Konvois 51B nach Murmansk begegnete die *Jamaica* den deutschen Angreifern *Lützow* und *Admiral Hipper*. Die *Jamaica* fügte der *Hipper* durch direkte Treffer Schäden im Kesselraum zu. Später, in Begleitung des Schlachtschiffs HMS *Duke of York* und des Kreuzers HMS *Belfast,* nahm die *Jamaica* an der Versenkung der *Scharnhorst* am 26. Dezember 1943 teil. Die *Jamaica* blieb bis in die 50er Jahre im Einsatz, bis sie 1960 schließlich abgewrackt wurde.

Daten

Verdrängung:	8.530 t normal; 11.450 t mit Tiefladung
Maße:	Länge 169,3 m; Breite (an der Wasserlinie) 18,9 m; Tiefgang 6,3 m
Antrieb:	acht Admiralty-Kesseln mit drei Trommeln, daran vier Parsons-Turbinen mit Getriebewellen, 72.500 PS
Geschwindigkeit:	31,5 Knoten
Panzerung:	Gürtel 89–81 mm; Schotten 50–38 mm; Türme 50–25 mm
Bewaffnung:	12 152-mm-Hauptgeschütze, acht 102-mm-Schnellfeuergeschütze, acht 2-Pfünder-Superfeuer-Flugabwehrkanonen (später erweitert), zwei 40-mm-Bofors-Flugabwehrkanonen, sechs 533-mm-Torpedorohre sowie zwei Flugzeuge
Besatzung:	920
Herkunftsland:	Großbritannien

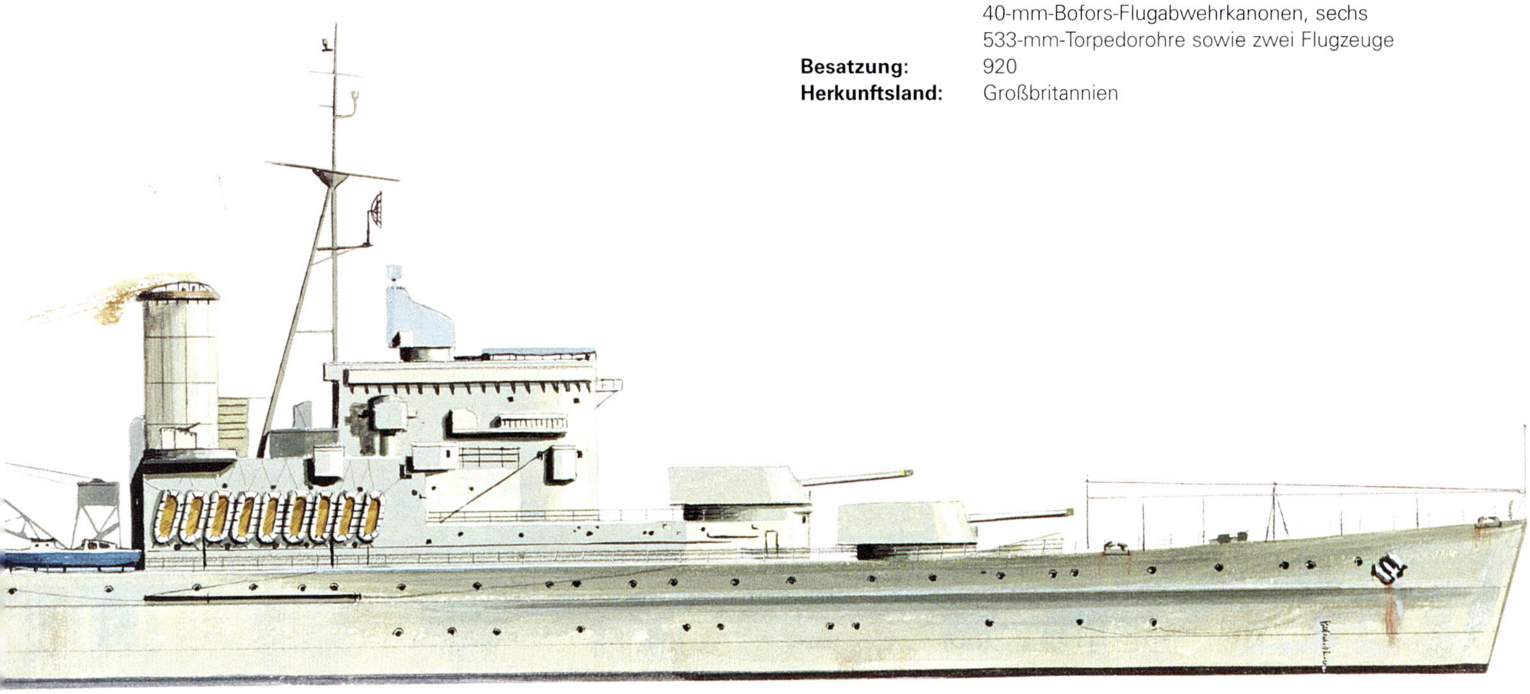

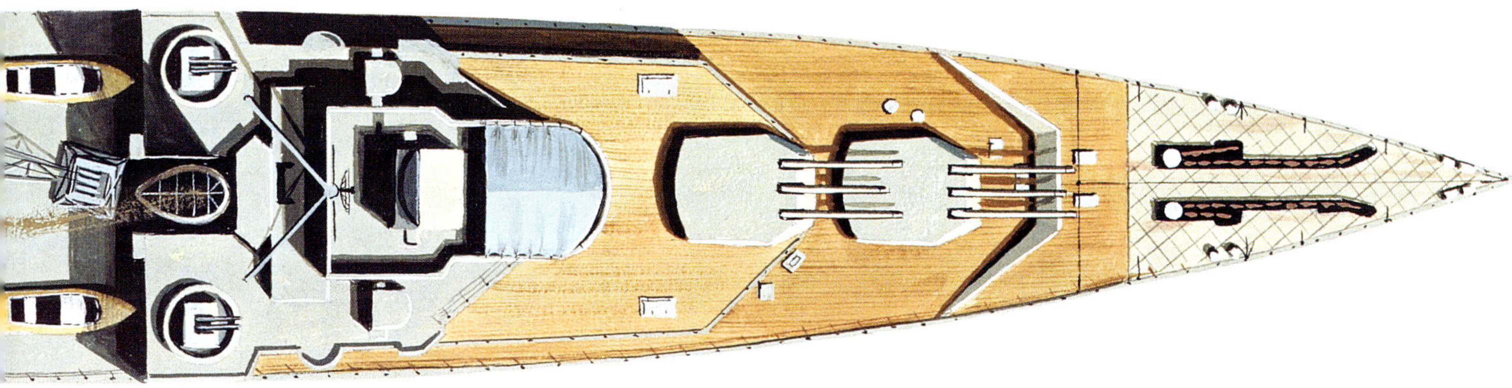

Köln

Die drei *K*-Klassen-Kreuzer der Kriegsmarine zeigten das Wiedererstarken der deutschen Marine in den 30er Jahren. In der Konstruktion kamen moderne Fertigungstechniken wie Elektroschweißung zum Einsatz. Erstmalig wurde eine Kombination von Dampf- und Dieselantrieb eingesetzt, obwohl beide nur separat betrieben werden konnten. Trotzdem erreichten die Schiffe bei Dieselbetrieb eine Geschwindigkeit von 10 Knoten und einen Turbinenschlag von 32 Knoten. Neun 152-mm-Hauptgeschütze waren in drei Drillingstürmen angebracht. Die beiden Achtertürme waren außerhalb der Mittellinie postiert und hatten eine Richthöhe von 40 Grad in alle Richtungen. Die *Königsberg,* das führende Schiff, lief 1927 vom Stapel, gefolgt von der *Karlsruhe* im selben Jahr. Die *Köln* wurde am 7. August 1926 auf Kiel gelegt, lief am 23. Mai 1928 vom Stapel und wurde am 15. Januar 1930 in Dienst gestellt. Vor dem Krieg waren diese drei Kreuzer Übungsschiffe und unternahmen einige Weltumrundungen. Sowohl die *Königsberg* als auch die *Karlsruhe* wurden von Minenlege-Einsätzen im Atlantik nach Norwegen entsandt, als Teil der 3. bzw. 4. Kampfeinheiten. Beide wurden so schwer beschädigt – am 10. bzw. 9. April 1940 –, dass sie für den Rest des Krieges einsatzunfähig waren. Die *Köln* bildete mit der *Königsberg* die 3. Kampfeinheit; sie konnte jedoch der Vernichtung entkommen. Von 1940–1943 blieb sie in der Ostsee oder in Norwegen, zusammen mit dem größten Teil der übrigen deutschen Überwasserflotte, als Teil von Hitlers Bereitschaftseinheit. Noch in der Ostsee wurde sie 1944 zum Übungsschiff und begleitete Konvois von und nach Norwegen. Am 3. März 1945 wurde sie bei Reparaturarbeiten in der Wilhelmshavener Werft bei einem britischen Bombenangriff getroffen und im Dock versenkt. Im April wurde sie ausgemustert (die Artillerie diente einem örtlichen Bataillon) und 1946 verschrottet.

Daten

Verdrängung:	6.500 t normal; 8.130 t voll ausgerüstet
Maße:	Länge 174 m; Breite (an der Wasserlinie) 15,3 m; Tiefgang 5,6 m
Antrieb:	sechs Marinekessel plus zwei Viertakt-MAN-Dieselmotoren mit Doppelzündung, 1.800 PS, zwei Marineturbinen mit Getriebewellen, 65.000 PS
Geschwindigkeit:	32 Knoten, 10 Knoten (Diesel)
Panzerung:	Gürtel 70–50 mm; Torpedoschotten 12 mm; Türme 31 mm
Bewaffnung:	neun 152-mm-Hauptgeschütze, vier 88-mm-Geschütze, acht 37-mm-Geschütze, acht 20-mm-Flugabwehrkanonen, acht 500-mm-Torpedorohre sowie zwei Flugzeuge
Besatzung:	850
Herkunftsland:	Deutschland

HMS *Penelope*

Die *Arethusa*-Klasse war der Versuch der britischen Marine, den kleinstmöglichen Kreuzer zu bauen, der noch von Nutzen sein konnte. Die Modelle ähnelten den Kreuzern der *Perth*-Klasse; sie besaßen jedoch nur drei statt vier Türmen. Unvorteilhafterweise befanden sich die Magazine für die 102-mm-Nebengeschütze nicht in der Nähe der Geschütze selbst, was im Gefecht zu einem ernsten Problem wurde. Anfangs waren die vier *Arethusa*s mit Katapulten und Flugzeugen ausgestattet; diese wurden jedoch 1940/41 entfernt. Die HMS *Penelope* war das dritte Schiff. Sie wurde am 30. Mai 1934 auf Kiel gelegt, lief am 15. Oktober 1935 vom Stapel und wurde am 13. November 1936 fertig gestellt. Mit ihrer leichten Panzerung leisteten die *Arethusa*s an den europäischen Kriegsschauplätzen gute Dienste. Zwei wurden versenkt, zwei überstanden den Krieg. Die HMS *Penelope* diente 1942 als ein Begleitschiff des Konvois der Einheit H nach Malta. Kurz vor der Kapitulation der Insel wurde ein letzter Versuch unternommen, mit Versorgungsgütern durch die deutsch-italienische Blockade zu brechen. Nach heftigen Gefechten schaffte es nur ein Schiff nach Malta, der US-Tanker *Ohio*, der sich kaum noch über Wasser halten konnte. Die *Penelope* diente danach bei der Mittelmeer- und der Heimatflotte, bis sie am 18. Februar 1944 vom deutschen *U-410* versenkt wurde. Bei einer Geschwindigkeit von 26 Knoten wurde die *Penelope* von zwei Torpedos getroffen und ging sofort unter.

Daten

Verdrängung:	5.270 t normal; 6.715 t mit Wasserbomben
Maße:	Gesamtlänge 154,2 m; Breite (an der Wasserlinie) 15,5 m; Tiefgang 5 m
Antrieb:	vier Admiralty-Kessel mit drei Trommeln, daran vier Parsons-Turbinen mit Getriebewellen, 64.000 PS
Geschwindigkeit:	32,3 Knoten
Panzerung:	Magazingehäuse 76–25 mm; Gürtel 57 mm; Schotten 25 mm; Türme 25 mm
Bewaffnung:	sechs 152-mm-Hauptgeschütze, acht 102-mm-Schnellfeuergeschütze, sechs 533-mm-Torpedorohre sowie (ursprünglich) ein Flugzeug
Besatzung:	500
Herkunftsland:	Großbritannien

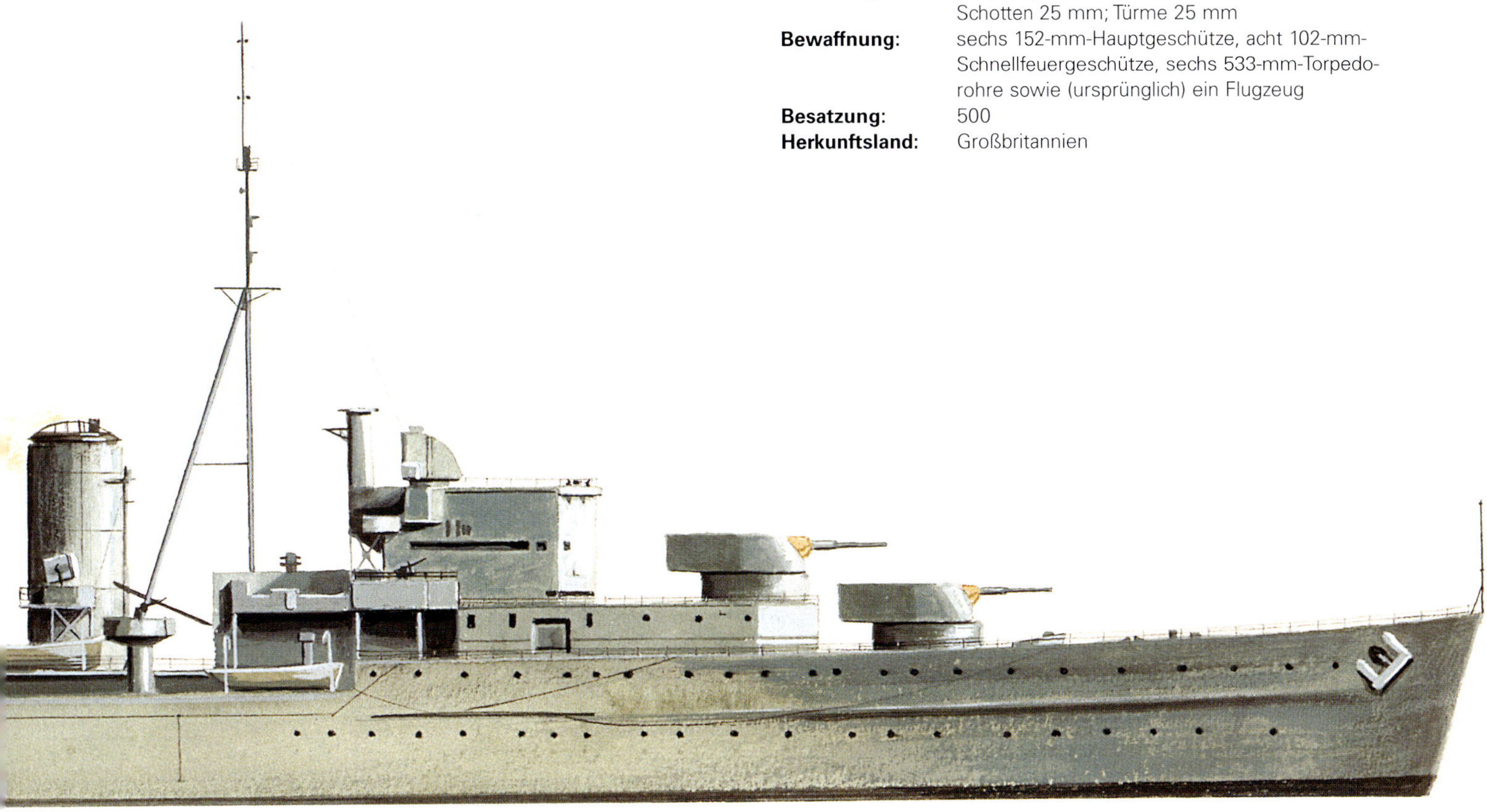

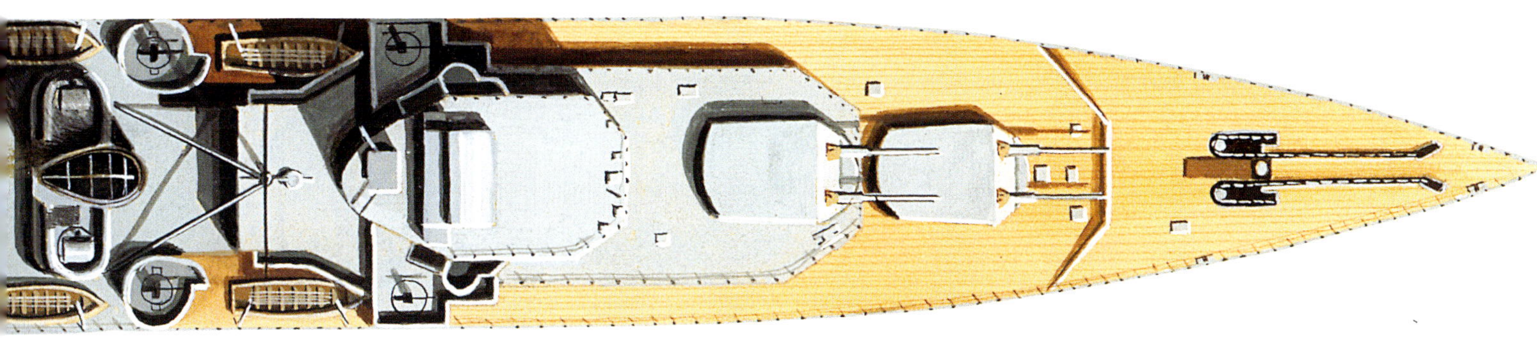

USS *Pensacola* (CA-24)

Die beiden schweren Kreuzer der *Pensacola*-Klasse waren die ersten Kreuzer der USA, die dem Washingtoner Abkommen von 1922 gemäß unter 10.000 Tonnen blieben. Die USS *Pensacola* war auf Feuerkraft angelegt; gegenüber den 152-mm-Geschützen der meisten anderen Kreuzer hatten ihre ein 203-mm-Kaliber. Als sich die Reichweiten der Gefechte jedoch dank der Einführung präziser Richttechniken erhöhten, waren die *Pensacola*s in Gefahr, den größeren japanischen Kreuzern unterlegen zu sein und hatten dabei keine ausreichende Panzerung. Die abwechselnde Anordnung der Geschütz- und Motorräume gab einige Sicherheit gegen die Wirkung einzelner Granat- oder Torpedoeinschläge. Der Kiellegung der USS *Pensacola* am 27. Oktober 1926 folgte ihr Stapellauf am 25. April 1929 und die Indienstnahme am 6. Februar 1930. Vor dem Krieg diente sie in den Atlantik- und Pazifikflotten und war auf dem Weg nach Manila, als Pearl Harbor von den Japanern angegriffen wurde. Im Februar 1942 war die *Pensacola* als Teil der Kampfgruppe 11 mit dem Flugzeugträger *Lexington* im Einsatz. Sie bot der *Lexington* Flakschutz gegen japanische Bomber während der Gefechte vor Bougainville bei den Salomonen. Danach diente sie weiter als Trägereskorte im Korallenmeer, in Neuschottland und bei der Schlacht von Midway, wo sie die *Enterprise* begleitete und den angeschlagenen Träger *Yorktown* gegen japanische Torpedobomber verteidigte. Sie unterstützte die Wiedereroberung Guadalcanals und rettete die Überlebenden des Trägers *Hornet*, der bei der Schlacht um die Santa-Cruz-Inseln versenkt wurde. Auch in der Schlacht von Tassafaronga kämpfte

die *Pensacola*, in der Eisengrund-Meerenge im November 1942. Dort wurde sie von einem japanischen U-Boot torpediert, schaffte es jedoch zurück zum Hafen. Im November 1943 war sie schon wieder im Einsatz, beschoss die Inseln Betio und Tarawa und unterstützte den Feldzug bei den Gilbert-Inseln. Nach einem Einsatz bei den Marshall-Inseln im Januar 1944 griff sie im Juni die Kurilen bei Alaska an. Im Oktober 1944 nahm die *Pensacola* am Angriff auf die Philippinen teil und im Februar 1945 am Angriff auf Iwo Jima. Am 16. Februar wurde sie von einem japanischen Küstenbataillon getroffen, beteiligte sich nach der Reparatur jedoch an dem Angriff auf Okinawa, dem letzten Schritt vor dem Einmarsch in Japan. Dies war ihr letzter Einsatz im 2. Weltkrieg. Sie überstand auch die Atomtests von 1946 als Übungsziel, bis sie schließlich 1948 ausgemustert wurde.

Daten

Verdrängung:	9.097 t normal; 11.512 t mit Wasserbomben
Maße:	Länge 178,5 m; Breite (an der Wasserlinie) 19,9 m; Tiefgang 5,9 m
Antrieb:	acht White-Forster-Kessel, daran Parsons-Turbinen mit vier Getriebewellen, 107.000 PS
Geschwindigkeit:	32,5 Knoten
Panzerung:	Gürtel 102–25 mm
Bewaffnung:	zehn 203-mm-Hauptgeschütze, vier 127-mm-Nebengeschütze, sechs 40-mm-Vierlings-Flugabwehrkanonen, 20 20-mm-Zwillings-Flugabwehrkanonen, sechs 533-mm-Torpedorohre sowie vier Flugzeuge
Besatzung:	631

Pola

Die italienische *Zara*-Klasse unterschied sich in der Konstruktionsweise von anderen italienischen Schiffen der Zeit dadurch, dass der Panzerung Vorrang vor der Geschwindigkeit eingeräumt wurde. Es erwies sich jedoch als unmöglich, die gewünschte 203-mm-Artillerie und die Panzerung in den Grenzen des Washingtoner Abkommens zu halten, deshalb wurden dessen Vorgaben stillschweigend ignoriert. Zwar versuchte man durch leichte Motoren und teilweise reduzierte Panzerung, unter der 10.000-Tonnen-Grenze zu bleiben, überschritt sie jedoch um rund 1.500 Tonnen. Die vier Kreuzer der *Zara*-Klasse wurden in zwei Phasen gebaut; die *Pola* entstand in der zweiten. Eigentlich sollten es leichte Kreuzer werden, dann Panzerkreuzer (um sie von anderen, schlechter geschützten Schiffen zu unterscheiden), schließlich schwere Kreuzer. Trotz ihres Gewichtes waren sie immer noch schnell und erreichten in Tests eine Geschwindigkeit von 35 Knoten. Die *Pola* wurde am 17. März 1929 auf Kiel gelegt, lief am 27. April 1930 vom Stapel und wurde am 20. Oktober 1931 fertig gestellt. Mit ihrer vergrößerten Brückenstruktur und ohne die charakteristische Rille an der seitlichen Beschichtung des Vorderdecks unterschied sie sich deutlich von den anderen *Zara*s. In den späten 30er Jahren bekamen die Kreuzer zusätzliche, kleinkalibrige Flugabwehrkanonen statt der älteren, größeren Waffen; im Verlauf des Krieges wurden nach und nach mehr hinzugefügt. Alle vier wurden versenkt, drei von ihnen am selben Tag im Jahr 1941. Am 29. März kämpfte die *Pola* als Teil einer von der britischen Mittelmeerflotte angegriffenen Kreuzerflotte in der Schlacht von Matapan; der Angriff erwies sich allerdings später als Falle. Die *Pola* wurde von einem Torpedo beschädigt und dann von einem britischen Zerstörer versenkt. Die *Zara* und die *Fiume* eilten ihr zu Hilfe und wurden durch Geschosse zerstört.

Daten

Verdrängung:	11.545 t normal; 14.330 t mit Wasserbomben
Maße:	Gesamtlänge 169,8 m; Breite (an der Wasserlinie) 19,2 m; Tiefgang 6,7 m
Antrieb:	acht Thornycroft-Kessel, daran zwei Parsons-Turbinen mit Getriebewellen, 95.000 PS
Geschwindigkeit:	32 Knoten
Panzerung:	Gürtel 1.500–1.000 mm; Decks 70–20 mm; Schotten 119–89 mm; Haupttürme 150–119 mm
Bewaffnung:	acht 203-mm-Hauptgeschütze, 16 102-mm-Flugabwehrkanonen (später 14), sechs 40-mm-Flugabwehrkanonen, acht 37-mm-Flugabwehrkanonen, acht 13,2-mm-Flugabwehrkanonen (später 16)
Besatzung:	841
Herkunftsland:	Italien

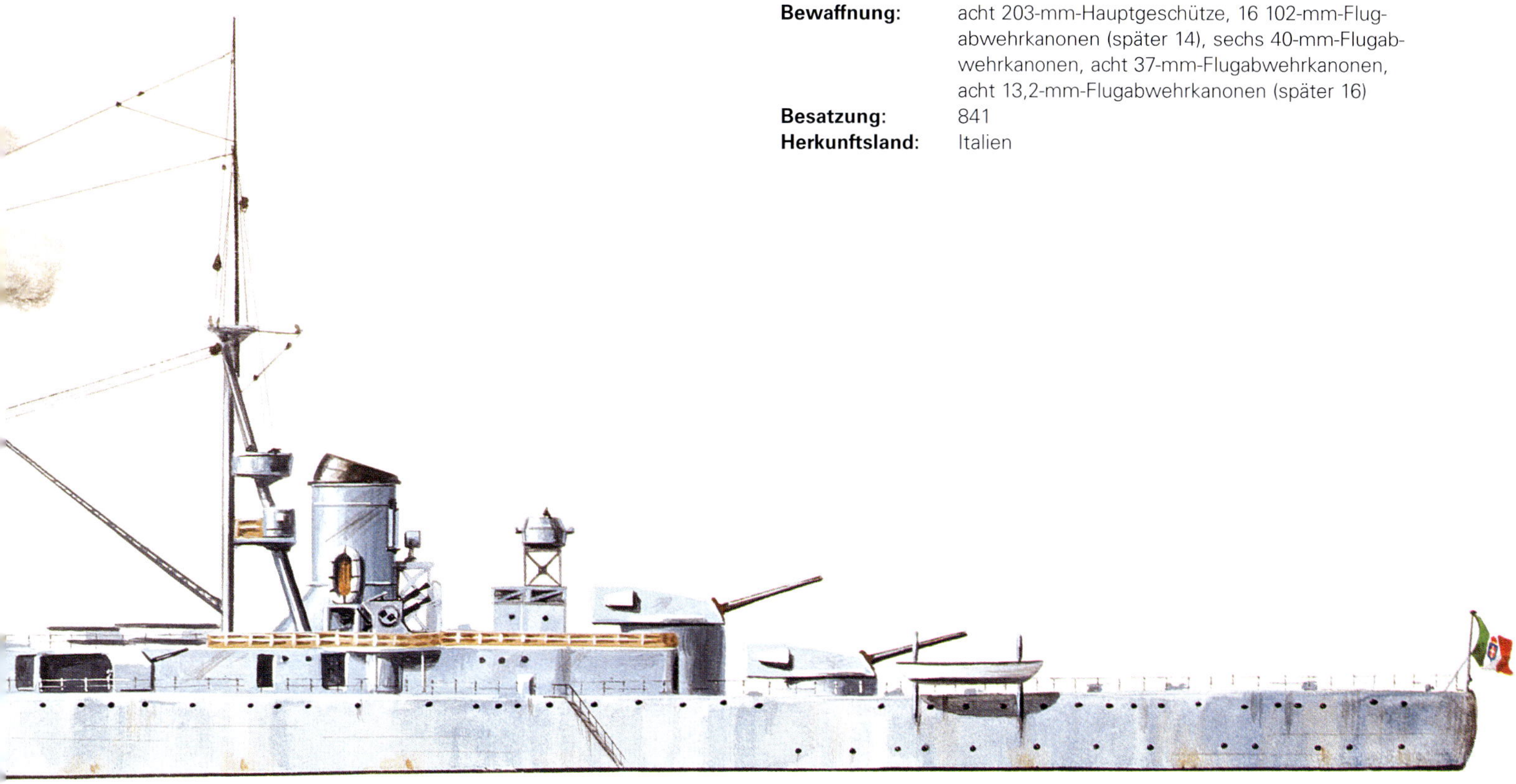

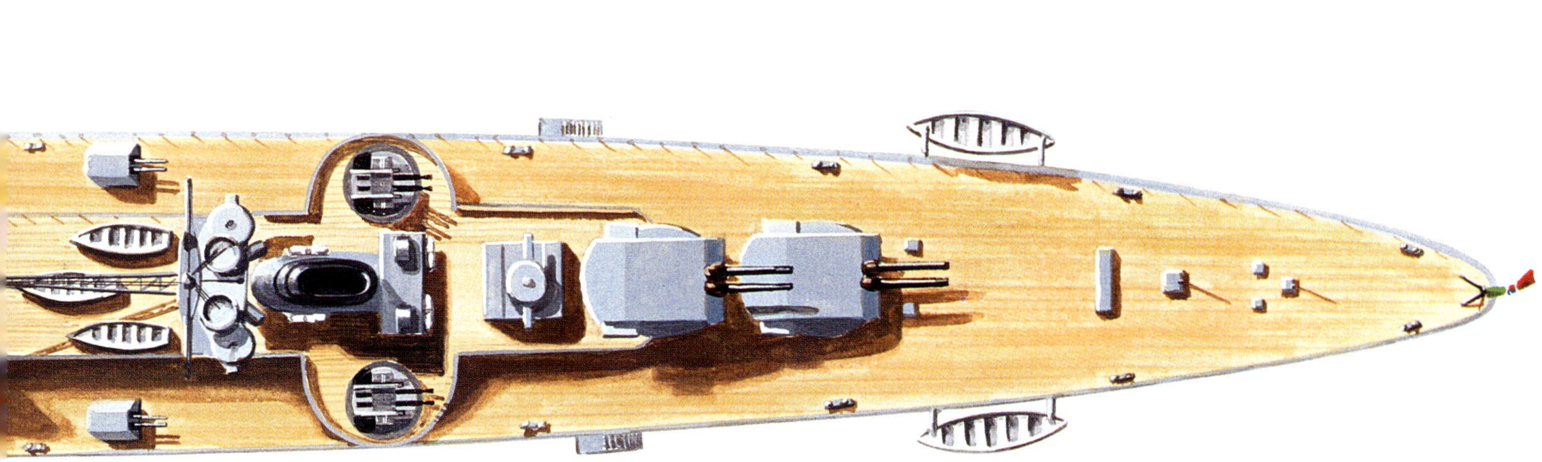

Prinz Eugen

Mitte der 30er Jahre, als die Bedingungen des Washingtoner Abkommens schon nicht mehr beachtet wurden, hatte Deutschland bereits sechs der acht nach dem Vertrag erlaubten leichten Kreuzer gebaut. Durch das englisch-deutsche Marineabkommen sollte die Entwicklung der deutschen Flotte danach unter Kontrolle gehalten werden; es gestattete jedoch den Bau von fünf weiteren 10.000-Tonnen-Kreuzern mit 203-mm-Geschützen. Bis Januar 1943 sollte nach dem Abkommen keines dieser Schiffe gebaut werden; zwischendurch durfte Deutschland fünf Kreuzer mit kleineren 149-mm-Waffen bauen. Als Russland den Plan zum Bau von sieben Kreuzern mit 178-mm-Geschützen für das Baltikum bekannt gab, ersetzten die Deutschen ihre 149-mm- durch 203-mm-Geschütze. Das Ergebnis war die *Hipper*-Klasse. In Bezug auf Reichweite und Feuerkraft waren sie der früheren *Deutschland*-Klasse unterlegen; für ihre Rolle zum Angriff von Handelsschiffen wurde ihre Wirksamkeit bezweifelt. Auch verlangte das ausgeklügelte Hochdruck-Dampfantriebssystem der *Hipper*-Klasse viel Übung und Erfahrung. Der erste von drei Kreuzern im zweiten Schub der Klasse war die *Prinz Eugen*. Die anderen beiden, die *Seydlitz* und die *Lützow*, wurden nie vollendet. So standen der *Prinz Eugen* nur die *Admiral Hipper* und die *Blücher* zur Seite; Letztere wurde bereits früh beim Norwegen-Feldzug versenkt. Die *Prinz Eugen* wurde am 23. April 1936 auf Kiel gelegt, lief am 22. August 1938 vom Stapel und kam am 1. August 1940 in Dienst. Gemeinsam mit der *Bismarck* unternahm die *Prinz Eugen* einen Durchbruch durch den Ärmelkanal, der die beiden Schiffe in den Nordatlantik hinaustrieb. Als die *Bismarck* nicht lang darauf versenkt wurde, entkam die *Prinz Eugen* der britischen Flotte. Nach den zahlreichen frühen Verlusten größerer deutscher Überwasserfahrzeuge verlor Hitler den Glauben an diesen Teil der Marine. Die übrigen Großkampfschiffe wurden nach Hause geholt und spielten im Krieg kaum mehr eine Rolle. Die *Prinz Eugen* wurde nach der Potsdamer Konferenz von 1945 den USA überlassen und diente im Juni 1946 als Zielschiff bei den Atomtests am Bikini-Atoll. Sie überstand sowohl den Able-Lufttreffer (einer neben dem Ziel abgeworfenen Bombe) und den Baker-Schuss drei Wochen später. Die *Prinz Eugen* blieb über Wasser und wurde im Schlepptau zum Kawajalein-Atoll befördert, wo sie im August 1946 unterging.

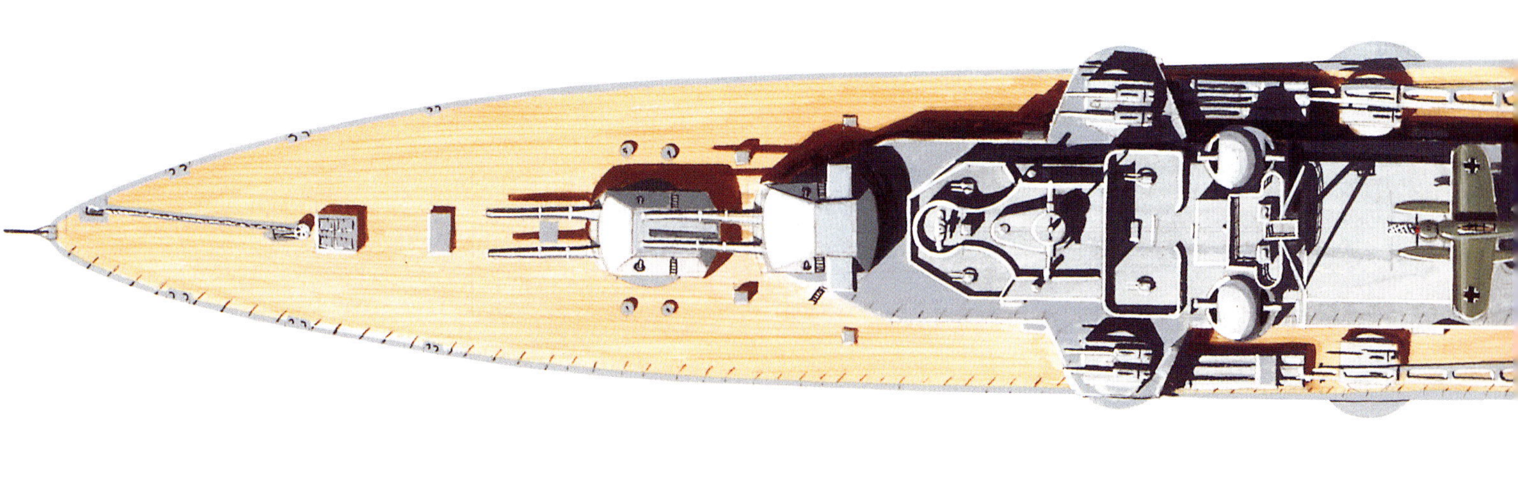

Daten

Verdrängung:	16.974 t normal; 19.042 t mit Wasserbomben
Maße:	Länge 207,2 m; Breite (an der Wasserlinie) 21,5 m; Tiefgang 7,2 m
Antrieb:	neun Kessel, daran drei Deschimag-Turbinen mit Getriebewellen, 132.000 PS
Geschwindigkeit:	32,5 Knoten
Panzerung:	Gürtel 89–38 mm; Deck 38–31 mm; Torpedoschotten 19 mm; Haupttürme 158–57 mm
Bewaffnung:	acht 203-mm-Hauptgeschütze, 12 105-mm-Nebengeschütze, 12 37-mm-Flugabwehrkanonen, acht 20-mm-Flugabwehrkanonen, 12 533-mm-Torpedorohre sowie drei Flugzeuge
Besatzung:	1.600
Herkunftsland:	Deutschland

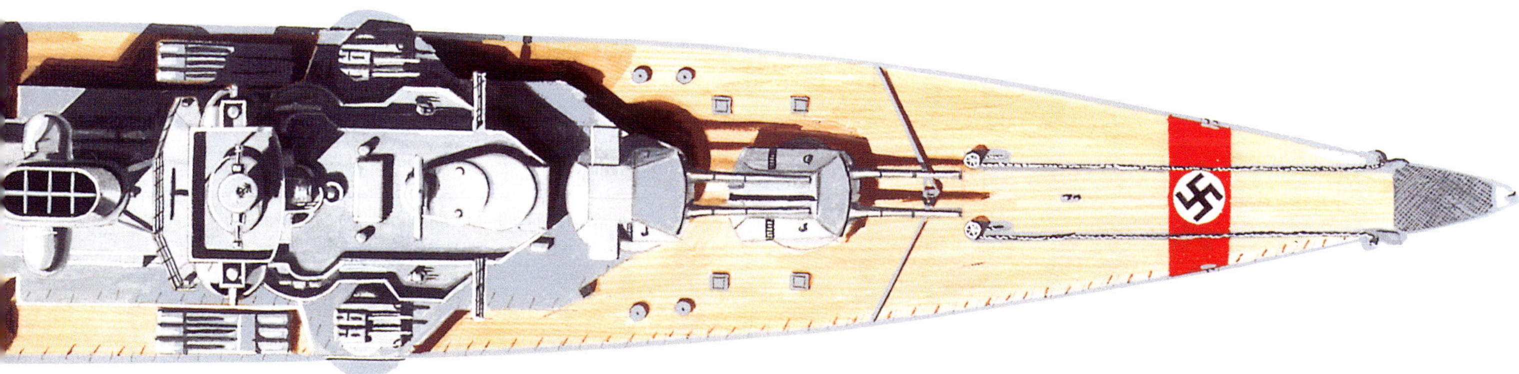

USS *Allen M. Sumner* (DD-692)

Als führendes Schiff ihrer Klasse besaß die *Sumner* moderne Zerstörer-Technik. 70 Schiffe dieser Klasse wurden gebaut. Sie waren eine Antwort auf die japanischen *Terutsuki*-Zerstörer. Die *Sumner* wurde am 7. Juli 1943 auf Kiel gelegt, lief am 15. Dezember vom Stapel und wurde am 26. Januar 1944 in Dienst gestellt. Im Oktober 1944 unternahm sie ihre erste Einsatzfahrt bei Pearl Harbor. Im November unterstützte sie Luftschläge gegen die Philippinen und erreichte den Golf von Leyte. Am 2. Dezember 1944 fuhr sie mit den Zerstörern USS *Cooper* und USS *Moale* zur Bucht von Ormac, wo ein japanischer Konvoi gemeldet worden war. In der Nacht warf eine japanische Mitsubishi-Ki-46 eine Bombe nur wenige Meter von der *Sumner* entfernt ab, die ein Feuer an Bord auslöste. Als nächstes wurden die Schiffe von den Zerstörern *Kuwa* und *Take* angegriffen; die *Kuwa* wurde durch die vereinten Kräfte dreier amerikanischer Schiffe versenkt. Dann wurde die *Cooper* von der *Take* torpediert und versenkt. Die *Sumner* und die *Moale* zogen sich zurück und kamen davon; die *Sumner* kehrte zu den Gefechten bei den Philippinen zurück. Durch einen Kamikaze-Angriff wurde sie am 6. Januar 1945 beschädigt, blieb jedoch einige Tage am Ort, bis die Lage für eine Rückkehr günstig war. Die *Sumner* war zum Kriegsende eines der Eskortschiffe der USS *Missouri* zur Unterzeichnung der japanischen Kapitulation. Nach 1945 hatte sie noch eine lange Einsatzlaufbahn; sie unterstützte u.a. die Atomtests 1946, nahm am Koreakrieg, der Kubakrise, der Krise in der Dominikanischen Republik, dem Abschuss der Gemini 10 und dem Vietnamkrieg teil. Erst 1973 wurde sie aus dem Verkehr gezogen und 1974 abgewrackt.

Zerstörer

Daten

Verdrängung:	2.610 t normal; 3.218 t voll ausgerüstet
Maße:	Länge 114,7 m; Breite (an der Wasserlinie) 12,4 m; Tiefgang 4,3 m
Antrieb:	vier Babcock-und-Wilcox-Kessel, daran General-Electric-Turbinen mit Getriebewellen, 60.000 PS
Geschwindigkeit:	36,5 Knoten
Panzerung:	keine
Bewaffnung:	sechs 127-mm-Hauptgeschütze, 12 40-mm-Flugabwehrkanonen, 11 20-mm-Flugabwehrkanonen, 10 533-mm-Torpedorohre
Besatzung:	336
Herkunftsland:	USA

Karl Galster (Z20)

Bei der Kriegserklärung Deutschlands besaß die deutsche Marine nur eine winzige Flotte von 21 Zerstörern. 1934 hatte die Entwicklung moderner Zerstörerkonstruktionen begonnen. Alle deutschen Zerstörer der Vorkriegszeit gingen auf diesen Typ 1934 zurück. Die Schiffe waren gut gebaut und durchdacht, doch waren sie zu kompliziert, besonders ihre Motoren, und technische Störungen hinderten sie daran, ihre volle Leistung auszunutzen. Ihre Konstrukteure hatten nur Einsätze in der Nord- und Ostsee vorgesehen, doch wurden sie um alle Küsten des besetzten Europa herum eingesetzt. Die *Karl Galster* war einer der sechs Zerstörer vom Typ 1936, die 1936/37 auf Kiel gelegt wurden. Der Stapellauf erfolgte am 15. Juni 1938. Sie ähnelten dem verbesserten Typ 1934A, hatten jedoch eine erweiterte Flakartillerie. 1940 waren alle deutschen Zerstörer mit Radar ausgerüstet; im April 1940 wurde die Zerstörerflotte halbiert, als 10 von ihnen beim Norwegen-Feldzug durch die Engländer zerstört wurden. Die *Karl Galster* war die einzige ihrer Klasse, die den Krieg überstand. Die anderen fünf wurden entweder bei Narvik oder im Rombaksfjord versenkt. 1946 wurde die *Karl Galster* als Reparationsleistung an die sowetische Marine übergeben. Unter dem Namen *Protschnyi* diente sie bis in die 50er Jahre in der Ostseeflotte.

Daten

Verdrängung:	1.811 t normal; 3.415 t voll ausgerüstet
Maße:	Länge 125 m; Breite (an der Wasserlinie) 11,8 m; Tiefgang 4 m;
Antrieb:	sechs Wagner-Kessel, daran zwei Wagner-Turbinen mit Getriebewellen, 70.000 PS
Geschwindigkeit:	40 Knoten
Panzerung:	keine
Bewaffnung:	fünf 127-mm-Hauptgeschütze, vier 37-mm-Flugabwehrkanonen, sieben 20-mm-Flugabwehrkanonen, acht 533-mm-Torpedorohre
Besatzung:	315
Herkunftsland:	Deutschland

HMS *Kelly*

Daten

Verdrängung:	2.330 t normal; 2.540 t voll ausgerüstet
Maße:	Länge 108,7 m; Breite (an der Wasserlinie) 10,9 m; Tiefgang 4,2 m
Antrieb:	zwei Admiralty-Kessel mit drei Trommeln, daran zwei Parson-Turbinen mit Getriebewellen, 40.000 PS
Geschwindigkeit:	36 Knoten
Panzerung:	keine
Bewaffnung:	sechs 119-mm-Hauptgeschütze, vier 2-Pfünder-Superfeuer-Flugabwehrkanonen, 10 533-mm-Torpedorohre, 45 Wasserbomben
Besatzung:	183–218
Herkunftsland:	Großbritannien

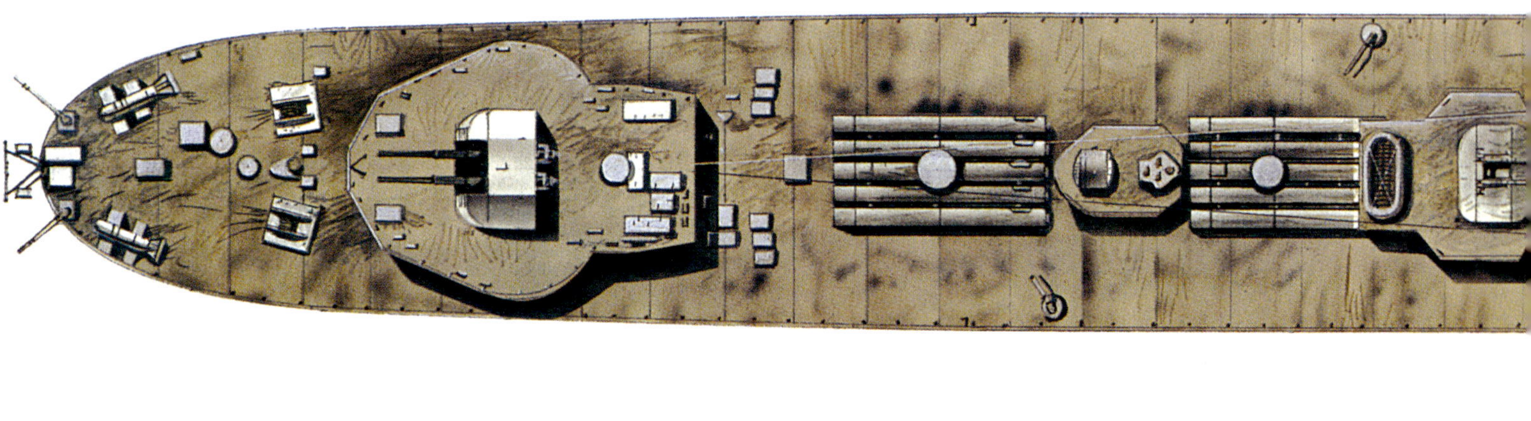

Von 1929 an gab die britische Marine ihren Zerstörerklassen Buchstabenbezeichnungen, die sich auf die Namen bestimmter Schiffe bezogen. So gehörten die HMS *Comet* und die HMS *Crescent* zur *C*-Klasse, während die HMS *Duncan* und die HMS *Dainty* zur *D*-Klasse zählten. Die HMS *Kelly* war das führende Schiff der *K*-Klasse, die zusammen mit den Zerstörern der *J*- und der *N*-Klasse gebaut wurde. Die Schiffe der *J*- und der *K*-Klasse wurden 1937/38 auf Kiel gelegt; der Stapellauf der HMS *Kelly* erfolgte am 25. Oktober 1938. Als erste britische Zerstörer seit der HMS *Fervent* und der HMS *Zephyr* von 1895 besaßen sie einen einfachen Schornstein. Die *K*-Klasse war an die vorhergehende *Tribal*-Klasse angelehnt (eine britisch-kanadische Zerstörerserie). Die *Tribals* waren schwere Zerstörer und sollten auf japanische Schiffe wie die *Fubuki*-Klasse angesetzt werden. Die *K*-Klasse besaß die gleichen 119-mm-Waffen wie die *Tribal*-Zerstörer und war auch mit Torpedos und Wasserbomben ausgerüstet. Bei Kriegsende wurden die übrig gebliebenen Schiffe durch zusätzliche 20- und 40-mm-Flugabwehrgeschütze erweitert. Alle acht Zerstörer der *K*-Klasse wurden 1938/39 gebaut. Vier von ihnen fielen Gefechten zum Opfer; einer wurde durch einen Explosionsunfall zerstört. Auch die HMS *Kelly* gehörte zu diesen Schiffen. Berühmt als Flaggschiff von Lord Louis Mountbattens Flotille, wurde die *Kelly* bei der Verteidigung Kretas angegriffen. Am 20. Mai 1941 gerieten die *Kelly* und ihre Einheit unter Stuka-Beschuss. Bei einer Geschwindigkeit von 30 Knoten fiel sie hart nach Backbord und erlitt schwere Bombenschäden. Schließlich kenterte sie und ging in einer halben Stunde unter.

USS *Johnston* (DD-557)

Die Zerstörer der *Fletcher*-Klasse waren bei weitem die größte Klasse amerikanischer Zerstörer; über 300 wurden von ihnen gebaut. Sie waren auch die ersten US-Zerstörer, die (im Wesentlichen) frei von den vertraglichen Beschränkungen der 30er Jahre waren, in Umfang und Bewaffnung also über frühere Schiffe hinausgingen. Obwohl der Innenraum durch das Glattdeck verkleinert war, waren die *Fletcher*s der folgenden *Sumner*-Klasse überlegen. Bei einigen *Fletcher*s führte man versuchsweise neue Elemente wie andere Motoren ein; drei Schiffe trugen auch Flugzeugkatapulte. Beim Gefechtseinsatz enttäuschten diese jedoch. Die USS *Johnston* wurde am 6. Mai 1942 auf Kiel gelegt, lief am 25. März 1943 vom Stapel und wurde am 27. Oktober in Dienst gestellt. Drei Monate später nahm sie an den Feldzügen bei den Marschallinseln und den Salomonen teil und beschoss die Küsten von Kwajalein, Eniwetok, das Kapingamarangi-Atoll und die Kaiserin-Augusta-Bucht. Am 25. Mai 1944 versenkte sie das japanische U-Boot *I-16* durch Wasserbomben. Die *Johnston* bombardierte Guam mit dem Schlachtschiff *Pennsylvania* und unterstützte den Einmarsch in Palau im Juli/August 1944. Doch erst bei der Wiedereroberung der Philippinen im Oktober 1944 konnte sie sich beweisen. Am 23. Oktober entstand aus anfänglich wenigen Schüssen der Japaner und der Amerikaner die Schlacht am Golf von Leyte. Als Teil der Flugzeugträger-Kampfeinheit 774 sah sich die USS *Johnston* der japanischen zentralen Kampfgruppe gegenüber, die dem Rest der US-Flotte entkommen war. Eine Hand voll amerikanischer Zerstörer war alles, was zwischen der ungeschützten US-Trägerflotte und vier japanischen Schlachtschiffen, sieben Kreuzern und mindestens 12 Zerstörern stand. Die US-Schiffe zogen eine Rauchwolke hinter sich her und fuhren im Zickzack. Die japanischen Schiffe brauchten 20 Minuten, um in Reichweite der 127-mm-Geschütze der *Johnston* zu kommen; dann aber griff der Zerstörer den Kreuzer *Kumano* an und beschädigte ihn schwer. Die *Johnston* wurde anschließend von drei 356-mm- und drei 152-mm-Granaten getroffen; sie verlor an Leistung und hatte Schäden an den Geschützen erlitten. Als der Antrieb wieder funktionierte, kehrte sie zum Gefecht zurück und kollidierte im Rauch und Chaos fast mit einem anderen US-Zerstörer. Sie griff ein Schlachtschiff und eine japanische Zerstörerstaffel an, bis das Gefecht zum Stillstand kam. Bei dem Versuch, fünf verfolgte US-Flugzeugträger zu schützen, trafen Granaten die *Johnston*. Als der letzte Maschinenraum beschädigt wurde, verlor sie an Leistung; sie wurde am 24. Oktober 1944 aufgegeben und ging unter. Von 327 Besatzungsmitgliedern wurden nur 141 gerettet. Für den Einsatz in der Schlacht von Samar wurden das Schiff und seine Besatzung ausgezeichnet.

Zerstörer

Daten

Verdrängung: 2.325 t normal; 2.924 t voll ausgerüstet
Maße: Länge 114,7 m; Breite (an der Wasserlinie) 12,1 m; Tiefgang 4,2 m
Antrieb: vier Babcock-und-Wilcox-Kessel, daran General-Electric-Turbinen mit zwei Getriebewellen, 60.000 PS
Geschwindigkeit: 38 Knoten
Panzerung: Seite 19 mm; Deck über dem Motorraum 12 mm
Bewaffnung: fünf 127-mm-Hauptgeschütze, vier 28-mm-Geschütze, vier 20-mm-Flugabwehrkanonen, zehn 533-mm-Torpedorohre
Besatzung: 273
Herkunftsland: USA

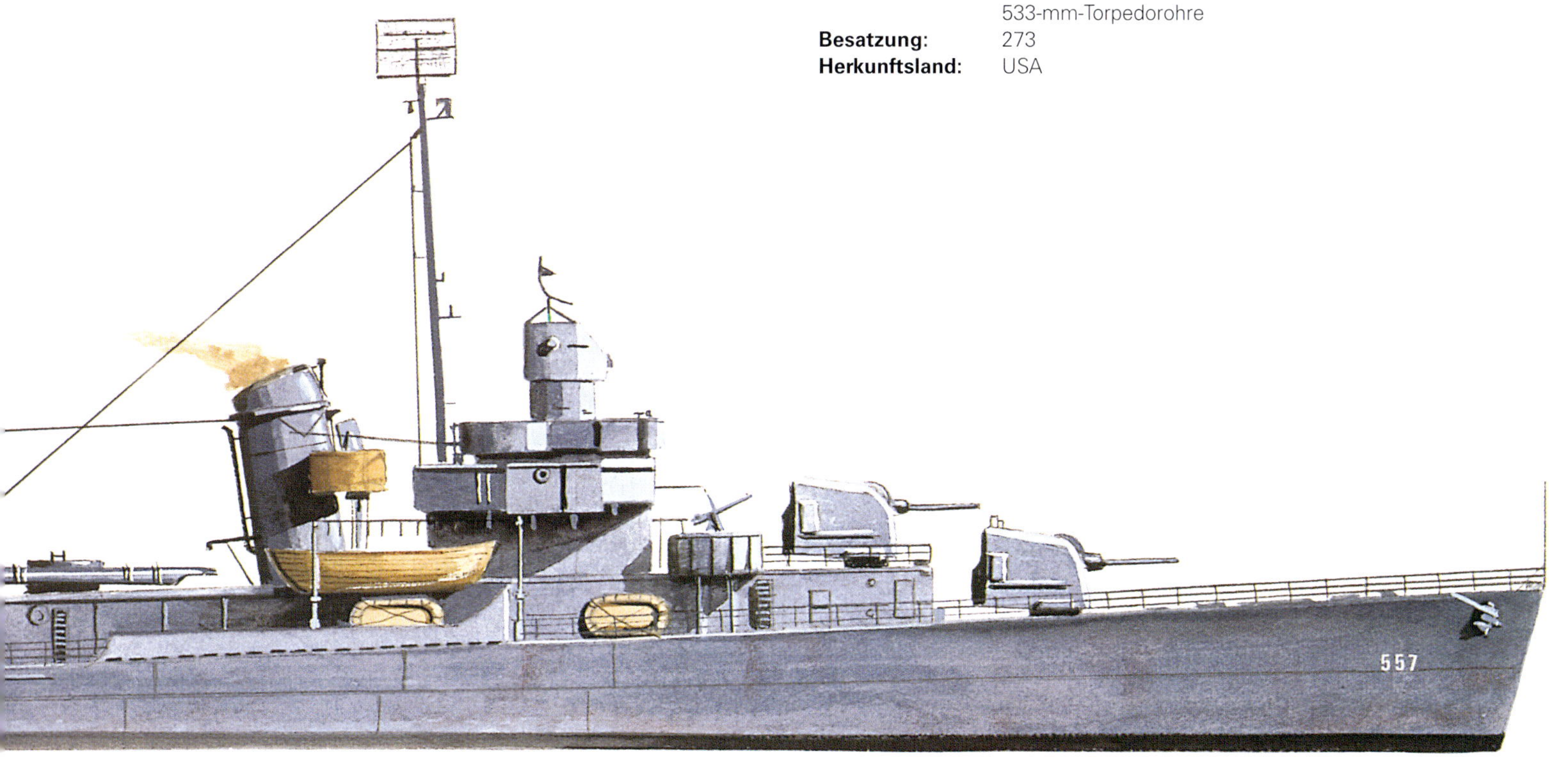

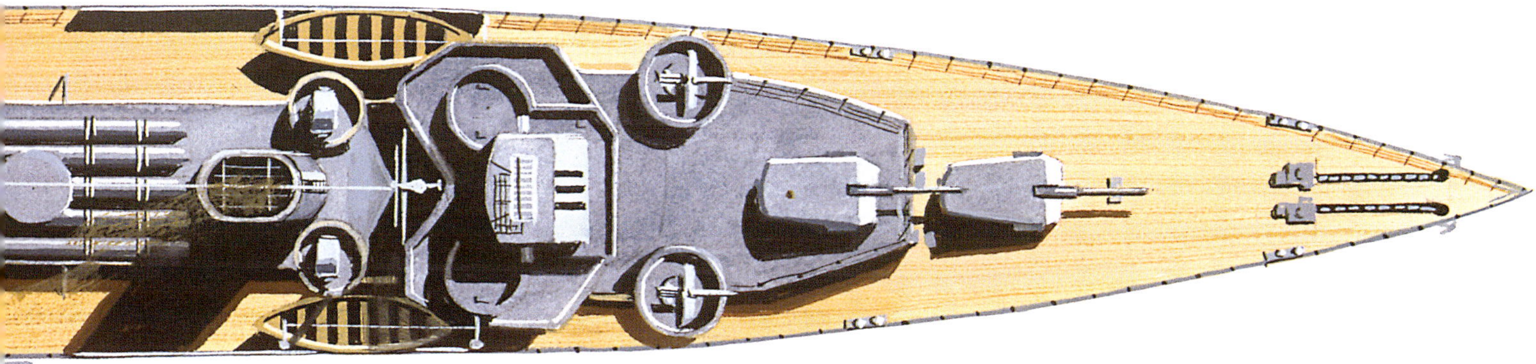

Yukikaze

Die Zerstörer der *Kagero*-Klasse waren die modernsten ihrer Art, die die japanische Marine zum Zeitpunkt des Kriegsbeginns in Europa zur Verfügung hatte. Sie waren der früheren *Asashio*-Klasse ähnlich, profitierten jedoch von einem verbesserten Entwurf, aus dem alles Überflüssige entfernt worden war. Auch die hohe Geschwindigkeit, die alle japanischen Zerstörer auszeichnete, war bemerkenswert. Das führende Schiff der Klasse, die *Kagero*, lief im September 1938 von Stapel, und das sechste, die *Yukikaze*, am 24. März 1939 in der Werft von Sasebo. Alle 18 Schiffe waren Anfang 1941 im Dienst. Die *Kageros* besaßen drei 127-mm-Zwillingstürme, doch wurde der mittlere X-Turm 1943/44 von den restlichen Schiffen entfernt, um Platz für mehr Flugabwehrgeschütze zu schaffen. Diese wurden während des Krieges stetig erweitert, bis im Juni 1944 einige Zerstörer 24 25-mm-Kanonen und vier 13,2-mm-Geschütze trugen. Ein Schiff der *Kagero*-Klasse, die *Hamakaze*, erhielt als erster japanischer Zerstörer ein Radarsystem. Die kleineren Schlachtschiffe der japanischen Flotte waren der US-Marine unterlegen; auch die *Kagero*-Klasse bildete keine Ausnahme, obwohl sie im Grunde die einzige japanische Zerstörerklasse war, deren Schiffe 1945 nicht alle versenkt worden waren. Von den 18 gebauten Schiffen überstand nur die *Yukikaze* den Krieg, als einer von sechs Zerstörern, die von über 100 Schiffen übrig geblieben waren.

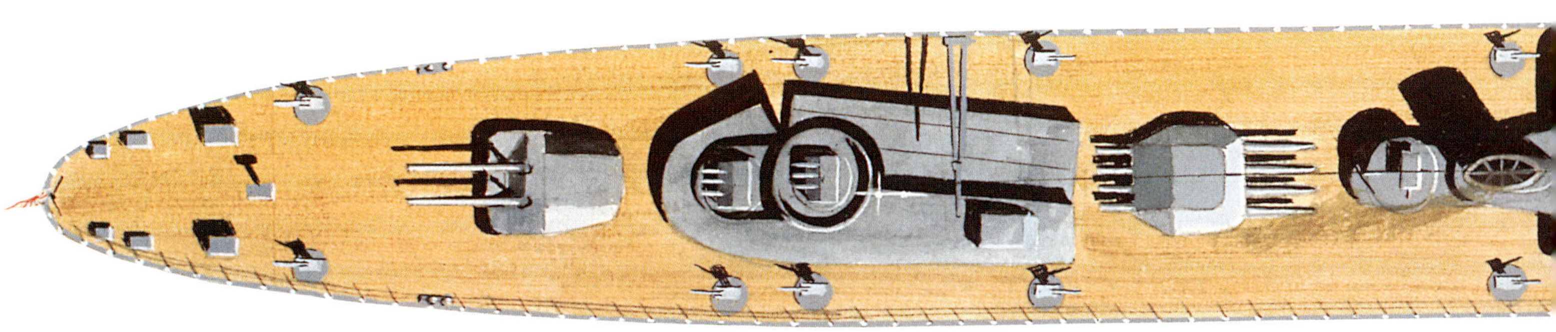

Zerstörer

Daten

Verdrängung:	2.033 t normal; 2.450 t voll ausgerüstet
Maße:	Länge 118,5 m; Breite (an der Wasserlinie) 10,8 m; Tiefgang 3,8 m
Antrieb:	drei Kessel, daran zwei Turbinen mit Getriebewellen, 52.000 PS
Geschwindigkeit:	35 Knoten
Panzerung:	keine
Bewaffnung:	sechs 127-mm-Hauptgeschütze, vier 25-mm-Flugabwehrkanonen, acht 609-mm-Torpedorohre, 16 Wasserbomben
Besatzung:	240
Herkunftsland:	Japan

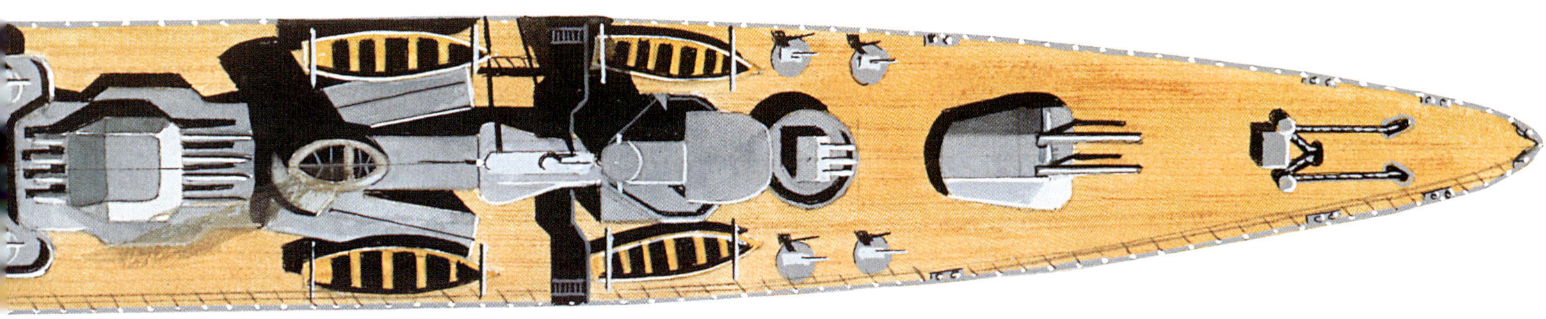

I-400

Japan setzte seine U-Boote im 2. Weltkrieg nicht durchdacht ein. Die japanische Strategie war auf große Schlüsselangriffe ausgerichtet – wie Pearl Harbor –, und ein U-Boot-Krieg schien diesem Ziel nicht zuträglich. 1941 hatte Japan eine große und vielseitige U-Boot-Flotte gebaut und erweiterte sie stetig während des Krieges. Trotzdem beeinflusste die Flotte trotz einer Hand voll Erfolge kaum den Verlauf des Krieges. Fast nie griff man amerikanische Versorgungsschiffe im Pazifik mit U-Booten an, sondern setzte sie gegen die viel gefährlicheren Überwasser-Kampfgruppen ein. Diese Fehlplanung erstreckte sich auch auf Japans Handelsflotte: Frachtschiffe wurden niemals begleitet, sondern mussten sich selbst durchschlagen, sodass sie leichte Beute für amerikanische U-Boote waren. Der vielleicht beste Beweis für die mangelnde Weitsicht bei der Planung der U-Boot-Einsätze war die *STO*-Klasse, deren erstes Schiff die *I-400* war. Die Fahrzeuge liefen auch unter den Namen *Sen Toku* oder *Toku Gata Sensuikan* – wörtlich: Spezialklassen-U-Boot. Die *STO*-Klasse waren U-Boote mit Flugzeugen, im Rahmen eines Planes, Luftangriffe auf den Panama-Kanal zu fliegen. Ein eigener Flugzeugtyp, die Aichi M6AI Seiran, wurde für die *Sen Toku*s entwickelt. Die *STO*s waren die größten U-Boote, die während des 2. Weltkrieges gebaut wurden; sie sollten zusammen mit der kleineren *AM*-Klasse eingesetzt werden, die Aufklärer für die *STO*-Bomber trugen. Die *STO*-Klasse hatte einen steuerbords unter dem nach Backbord versetzten Kommandoturm angebrachten Hangar. Ein Katapult wurde eingerichtet, und bis zu drei Flugzeuge konnten befördert werden. Man kann sich kaum vorstellen, wie eine solche Gestaltung praktisch funktionieren konnte – das Öffnen der riesigen, wasserdichten Türen, das sofortige Starten der Flugzeuge und das daran anschließende Tauchen des U-Bootes –, ganz zu schweigen von dem Wiederaufnehmen der Flugzeuge. Das *I-400* hatte die erstaunliche Reichweite von 55.560 km, kam jedoch nie im Krieg zum Einsatz. Das *I-400,* das *I-401* und das *I-402* liefen 1944/45 vom Stapel, doch wurde das *I-402* zum Unterwassertanker umgewandelt. Nach der Vorbereitung für den Angriff auf den Panama-Kanal leitete man das *I-400* und das *I-401* zu einem Angriff auf die US-Flotte um, die man vor der japanischen Küste wähnte. Am 16. August 1945 rief man die beiden U-Boote, die noch auf dem Weg zu ihrem Ziel waren, auf Grund der Kapitulation zurück. Die Aufträge für die anderen *STO*-Klassen-Fahrzeuge waren alle zurückgezogen worden; manche mögen zwar teilweise gebaut worden sein, wurden aber 1945 bei Luftangriffen auf die Werft von Kure zerstört. Nach dem Krieg wurden das *I-400* und das *I-401* 1946 zu Übungszielen.

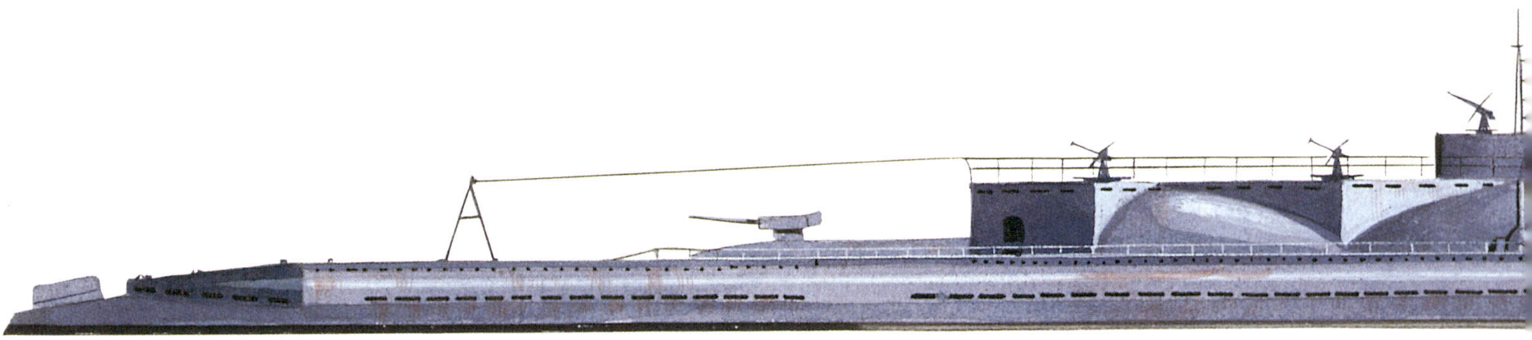

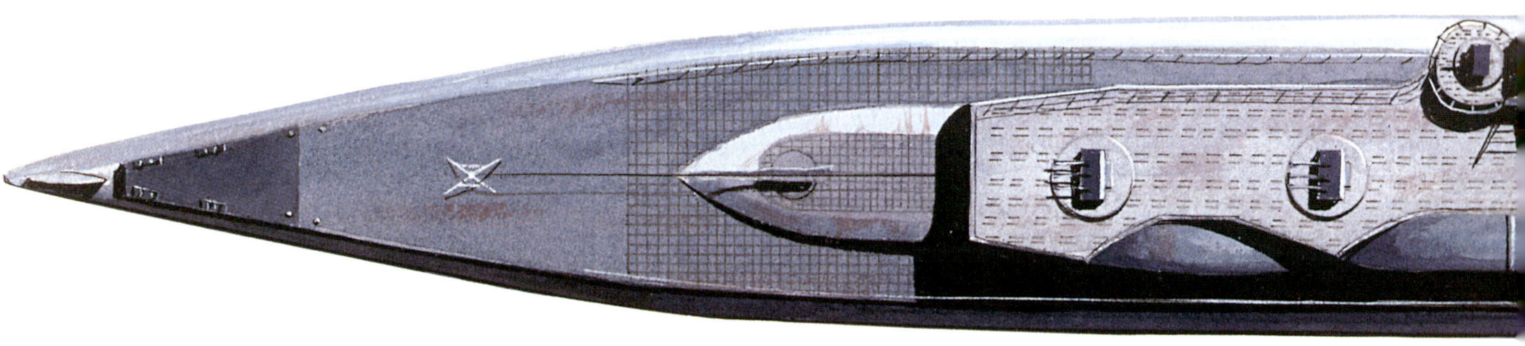

Daten

Verdrängung:	3.530 t normal; 6.560 t unter Wasser
Maße:	Länge 122 m; Breite (an der Wasserlinie) 12 m; Tiefgang 7 m
Antrieb:	Dieselmotoren mit zwei Getriebewellen plus Elektromotoren, 7.700 PS
Geschwindigkeit:	18,7 Knoten, 6,5 Knoten (unter Wasser)
Panzerung:	keine
Bewaffnung:	acht 533-mm-Torpedorohre, ein 140-mm-Hauptgeschütz, 10 25-mm-Flugabwehrkanonen sowie drei Flugzeuge
Besatzung:	80
Herkunftsland:	Japan

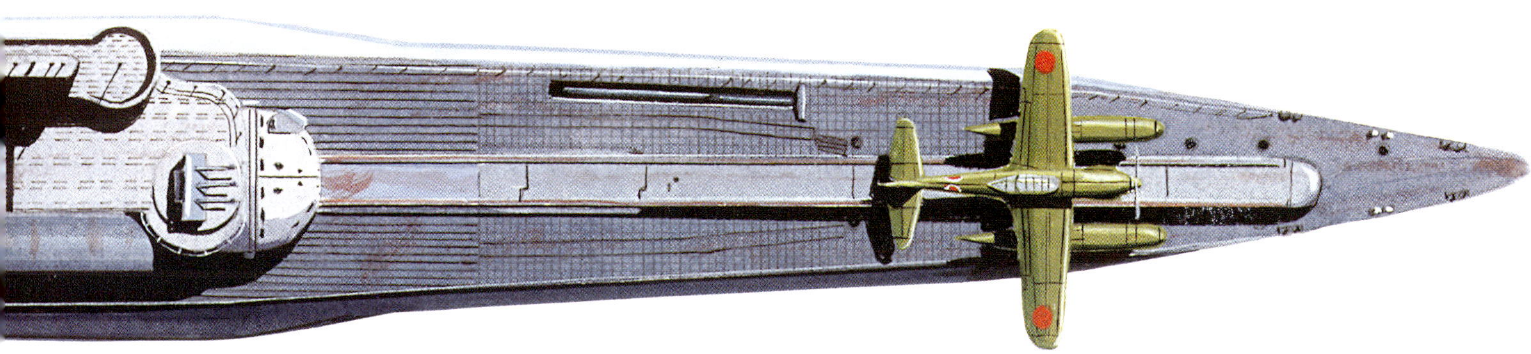

USS *Ray* (SS-271)

Im 2. Weltkrieg entwickelten die USA einige Klassen von Flotten-U-Booten, die sich von anderen unterschieden. Während deutsche U-Boote zum Beispiel für Überwasserfahrten eingerichtet waren und nur bei Angriffen untertauchen sollten, waren die US-U-Boote besser für Langstrecken-Unterwasser-fahrten ausgerüstet. Das wurde durch die weit entfernten Einsatzorte im Pazifik begründet – nicht nur wegen der Angriffe auf japanische Schiffe, sondern auch wegen der Nachrichtenbeschaffung. Bis Ende der 30er Jahre war die amerikanische U-Boot-Flotte nur mäßig aktiv; erst bei Ausbruch des Krieges im Pazifik fand eine erwähnenswerte Erweiterung statt; dann allerdings wuchs die U-Boot-Floote recht schnell. Im 2. Weltkrieg gab es drei Hauptklassen der U-Boot-Flotte: die *Gato-*, die *Balao-* und die *Tench*-Klasse; insgesamt wurden über 300 Exemplare gebaut. Sie hatten eine Einsatzreichweite von 20.372 km und trugen 28 Torpedos. Die USS *Ray* war eines der späten U-Boote der *Gato*-Klasse, wurde am 20. Juli 1942 auf Kiel gelegt, lief am 28. Februar 1943 vom Stapel und wurde am 27. Juli 1943 fertig gestellt. Das urspüngliche einzelne 76-mm-Deckgeschütz hinter dem Kommandoturm wurde gegen Ende des Krieges durch zwei 127-mm-Geschütze ersetzt. Die Artillerie variierte wie bei anderen Schiffen, und viele U-Boote hatten leichte 20-mm- und 40-mm-Flugabwehrkanonen. Bei ihrer ersten Kriegspatrouille im November 1943 wurde die *Ray* zum Bismarck-Archipel entsandt, wo sie einen japanischen Geleitzug angriff und dabei einen Frachter und ein Waffenschiff versenkte. Die *Ray* fuhr ingesamt acht Kriegseinsätze und versenkte 32 japanische Schiffe (darunter 16 kleine Fahrzeuge, die bei einem einzigen Angriff durch Kanonenfeuer zerstört wurden) im ganzen Pazifik – dabei sind die vielen nur beschädigten Schiffe und nicht bestätigten Untergänge nicht mitgerechnet. Oft entkam die *Ray* bei japanischen Gegenangriffen nur knapp; nicht selten erlitt sie Beschädigungen. 1944, als sie auf der Flucht vor einem feindlichen Flugzeug schnell tauchen musste, ging sie beinahe verloren, da die Luke des Kommandoturms nicht gesichert war. Viel Wasser gelangte in die *Ray*; man bekam die Situation jedoch in den Griff und kehrte für Reparaturen nach Mios Woendi zurück. Die USS *Ray* diente wie ihre Schwesterboote noch lange nach Kriegsende und wurde erst 1958 aus dem Verkehr gezogen. 1960 verschrottete man sie.

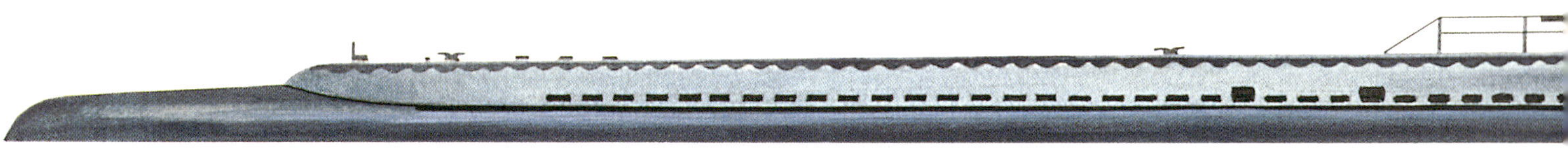

Daten

Verdrängung:	1.526 t normal; 2.410 t unter Wasser
Maße:	Länge 95 m; Breite (an der Wasserlinie) 8,3 m; Tiefgang 4,6 m
Antrieb:	Dieselmotoren mit zwei Getriebewellen plus Elektromotoren, 5.400 PS
Geschwindigkeit:	20,3 Knoten, 8,8 Knoten (unter Wasser)
Panzerung:	keine
Bewaffnung:	10 533-mm-Torpedorohre (sechs am Bug, vier achtern), ein 76-mm-Hauptgeschütz, zwei 12,7-mm-Maschinengewehre, zwei 7-mm-Maschinengewehre (bei normaler Ausstattung)
Besatzung:	80
Herkunftsland:	USA

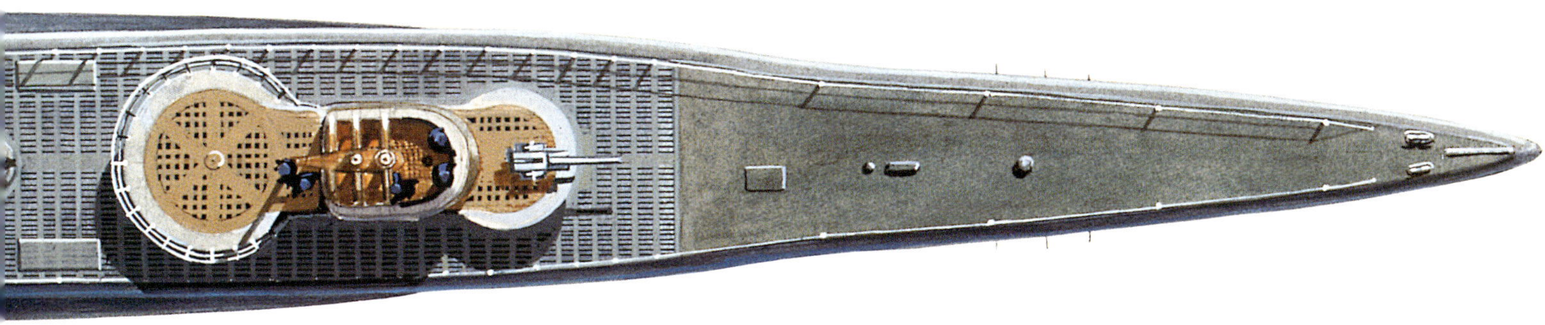

USS *Tench* (SS-417)

Die USS *Tench* war das führende Schiff der *Tench*-Klasse; damit war die Entwicklung der amerikanischen Flotten-U-Boote an ihrem höchsten Punkt angelangt. Der Kiellegung am 1. April 1944 folgte der Stapellauf am 7. Juli 1944. Während ihr Entwurf deutliche Spuren der vorangegangenen *Gato*- und *Balao*-Boote trug, war die *Tench* ein viel ausgeklügelteres U-Boot. Vor Kriegsende wurden etwa 30 dieser Klasse gebaut. Trotz ihrer ausgezeichneten Grundkonstruktion wurde die amerikanische U-Boot-Flotte erst 1943 richtig wirksam. Vorher waren die U-Booteinsätze durch schwache Torpedos eingeschränkt; die Waffen feuerten oder explodierten nicht regelmäßig. Erst nach Jahren wurde dieses Problem gelöst; dann allerdings wurden die U-Boote so erfolgreich, dass weitere Aufträge zurückgezogen wurden. Den ganzen Krieg hindurch wurde die Artillerie verändert; schwerkalibrige wurden durch leichtere, aber schneller feuernde Geschütze ersetzt, insbesondere für die Flugabwehr. Sie wurden auf dem „Zigarettendeck“ auf jeder Seite des Kommandoturms angebracht. Manche U-Boote erhielten sogar Raketen für den Küstenbeschuss. Die *Tench* gehörte im Februar 1945 zu einer U-Boot-Angriffsgruppe und wurde zur Wetterpatrouille sowie zu Aufklärungs- und Rettungsaktionen vor die japanische Küste geschickt. Nach dem nicht bestätigten Untergang eines japanischen Schiffes im April wurde die *Tench* wieder als Teil einer Patrouillenlinie ausgesandt, die die Zufahrt nach Okinawa versperren sollte. An der Versenkung der *Yamato* war sie jedoch nicht beteiligt. Bei ihrem zweiten Kriegseinsatz im Mai versenkte die *Tench* zwei japanische Handelsschiffe, einen Tanker und einen Motorschlepper und beschädigte einen Zerstörer. Bei ihrer letzten Fahrt griffen sie zwei japanische Bomber an. Sie entkam jedoch und überstand den Krieg unversehrt. Später bildeten die USS *Tench* und ihre Schwesterschiffe bis in die frühen 60er Jahre das Rückgrat der amerikanischen U-Boot-Flotte; überzählige Schiffe wurden exportiert. Die *Tench* wurde zur *Guppy*-1A-Klasse umgewandelt und blieb bis 1969 im Einsatz. 1976 verkaufte man sie nach Peru und verwendete sie als Ersatzteillager.

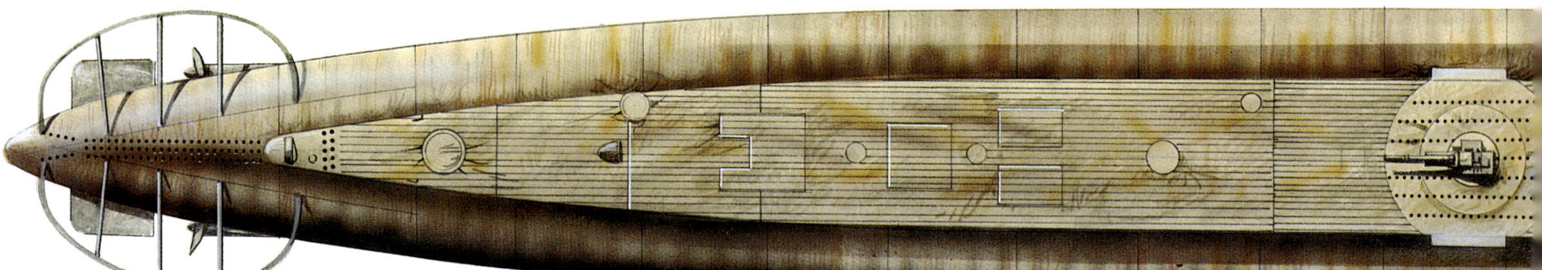

Daten

Verdrängung: 1.570 t normal; 2.415 t unter Wasser
Maße: Länge 94,9 m, Breite (an der Wasserlinie) 8,3 m; Tiefgang 4,7m
Antrieb: Dieselmotoren mit zwei Getriebewellen plus Elektromotoren, 5.400 PS
Geschwindigkeit: 20,3 Knoten, 8,8 Knoten (unter Wasser)
Panzerung: keine
Bewaffnung: zehn 533-mm-Torpedorohre (sechs am Bug, vier achtern), ein 76-mm-Hauptgeschütz, zwei 12,6-mm-Maschinengewehre, zwei 7-mm-Maschinengewehre (bei normaler Ausstattung)
Besatzung: 80
Herkunftsland: USA

U-47

Die Deutschen wussten, dass ihre U-Boot-Flotte die Engländer im 1. Weltkrieg beinahe in die Knie gezwungen hatte, und die Alliierten wussten es ebenso gut. Zwar untersagte der Versailler Vertrag ausdrücklich die Entwicklung oder den Einsatz deutscher U-Boote, doch wurde dies umgangen, indem man ein geheimes Konstruktionsbüro in Holland einrichtete. Sobald Hitler an der Macht war und die Klauseln des Versailler Vertrags nach und nach missachtete, war das technische Wissen für die deutsche U-Boot-Flotte schon vorhanden. 1934 waren die Entwürfe für die hochseetüchtigen U-Boote vom Typ VII fertig, und diese Boote sollten den ganzen Krieg hindurch das Rückgrat der deutschen U-Boot-Flotte bilden. Die Boote vom Typ VII bildeten die so genannten Wolfsrudel, griffen Atlantikkonvois an und besiegten England beinahe noch ein zweites Mal. Einige Versionen des Typs VII wurden entwickelt, deren bedeutendster der Typ VIIC war, der den sehr ähnlichen Typ VIIB unterstützte. Das *U-47* war ein frühes U-Boot vom Typ VII, von dem 24 Stück gebaut wurden (vom Typ VIIC wurden über 600 gebaut). Das *U-47* war auch das U-Boot unter Leutnant Günther Prien, das 1939 das britische Schlachtschiff HMS *Royal Oak* in der Scapa-Durchfahrt versenkte. Der Typ VIIB wurde 1938–1941 in der Germania-, der Vulkan- und der Flenderwerft gebaut. Die übrig gebliebenen Typ-VIIB-Boote wurden mit verbesserter U-Boot-Technologie verändert; sie erhielten ein Radarsystem, ein Schnorchelsystem und neue 37-mm- statt der 88-mm-Geschütze. Trotzdem wurden die bestehenden U-Boot-Klassen schon 1943 von der U-Boot-Abwehr der Alliierten in Schach gehalten. Trotz der Entwicklung einer neuen ausgeklügelten U-Boot-Technologie – dazu gehörten ein stromlinienförmiger Körper und ein luftunabhängiger Antrieb –, wurde keine dieser Neuerungen in die Produktion miteinbezogen. Als man sich über ihre Bedeutung klar wurde, war es zu spät, und Deutschland baute weiterhin bis 1945 die veralteten Typ-VII-Boote. Insgesamt kamen im 2. Weltkrieg 1.170 deutsche U-Boote zum Einsatz; von diesen wurden 630 versenkt, 42 gingen bei Unfällen verloren, 81 fielen Hafenangriffen zum Opfer, 38 wurden irreparabel beschädigt, 11 wurden in neutralen Ländern festgehalten, und 215 wurden nach Kriegsende verschrottet. Bis auf vier Boote vom Typ VIIB wurden alle versenkt, darunter auch das *U-47*.

Daten

Verdrängung: 741 t normal; 843 t unter Wasser
Maße: Länge 66,5 m; Breite (an der Wasserlinie) 7,4 m; Tiefgang 4,7 m
Antrieb: Dieselmotoren mit zwei Getriebewellen plus Elektromotoren, 1.400 PS
Geschwindigkeit: 17,2 Knoten, 8,8 Knoten (unter Wasser)
Panzerung: keine
Bewaffnung: fünf 533-mm-Torpedorohre (vier im Bug, eins achtern) mit 14 Torpedos, ein 88-mm-Hauptgeschütz, eine 20-mm-Flugabwehrkanone (bei normaler Ausstattung)
Besatzung: 44
Herkunftsland: Deutschland

LST

Das Standard-Landungsboot (LST) der USA entstand aus einem britischen Auftrag für einen Panzerträger, der neue Panzer aus amerikanischen Fabriken direkt nach Europa transportieren sollte. Das LST sollte etwa 20 Panzer oder gleichwertige Fahrzeuge befördern können, die direkt vom Bug auf einer Rampe herausfahren sollten. Einige Panzer konnten auf dem Wetterdeck transportiert werden; so hatten die frühen LSTs einen Aufzug zwischen den beiden Decks (der später durch eine Rampe ersetzt wurde). Auch sollten die LSTs wenigstens ein Panzerlandungsboot transportieren, um Einsätze in flacheren Gewässern zu ermöglichen. Die LSTs hatten eine große Reichweite von mindestens 9.260 km. Sie waren sehr langsam und schafften nur 10 Knoten, wenn sie beladen waren. Das machte sie angreifbar und nicht umsonst galten sie als große langsame Ziele. Um die Wiedereroberung der pazifischen Inseln zu unterstützen, bauten die USA eine große Anzahl von LSTs, insgesamt 1.152 Exemplare. England, welches dringend Fahrzeuge dieser Art benötigte, erhielt viele LSTs und nannte sie LST Mk II oder LST(2), obwohl die Briten auch eigene LST-Entwürfe entwickelten. Die amerikanischen Boote waren sehr erfolgreich, und manche sind noch heute in Betrieb. Neben Panzern konnten die LSTs auch bis zu 163 Soldaten transportieren. Die einzelnen LSTs unterschieden sich zum Teil beträchtlich voneinander, etwa durch die Kräne oder die Artillerie. Bei Kriegsende hatten die meisten amerikanischen LSTs sieben 40-mm- und 12 20-mm-Flugabwehrkanonen, doch gab es viele Ausnahmen. Die Hülle erwies sich als äußerst vielseitig, und LSTs wurden auch zu Torpedoboot-Begleitbooten, Flugzeugmotor-Reparaturschiffen, Bergungsboot-Begleitbooten, Gefechtsschäden-Reparaturschiffen und Rettungsbooten umgebaut.

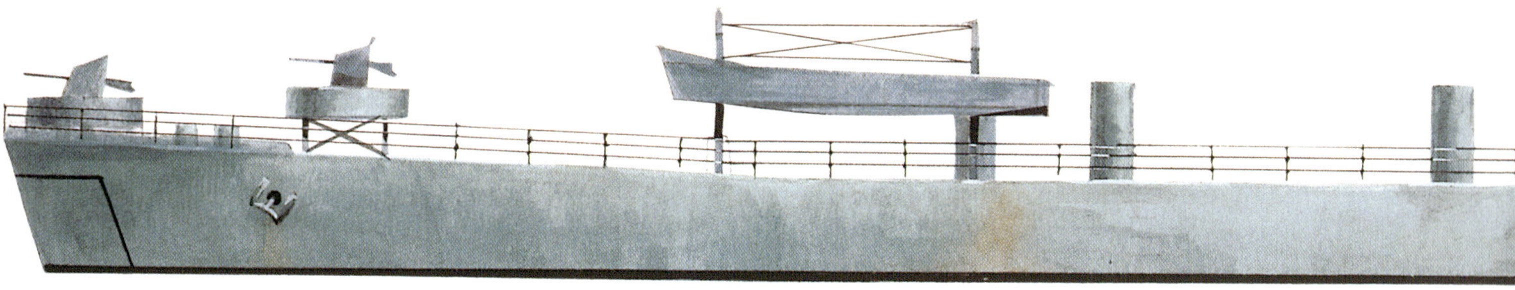

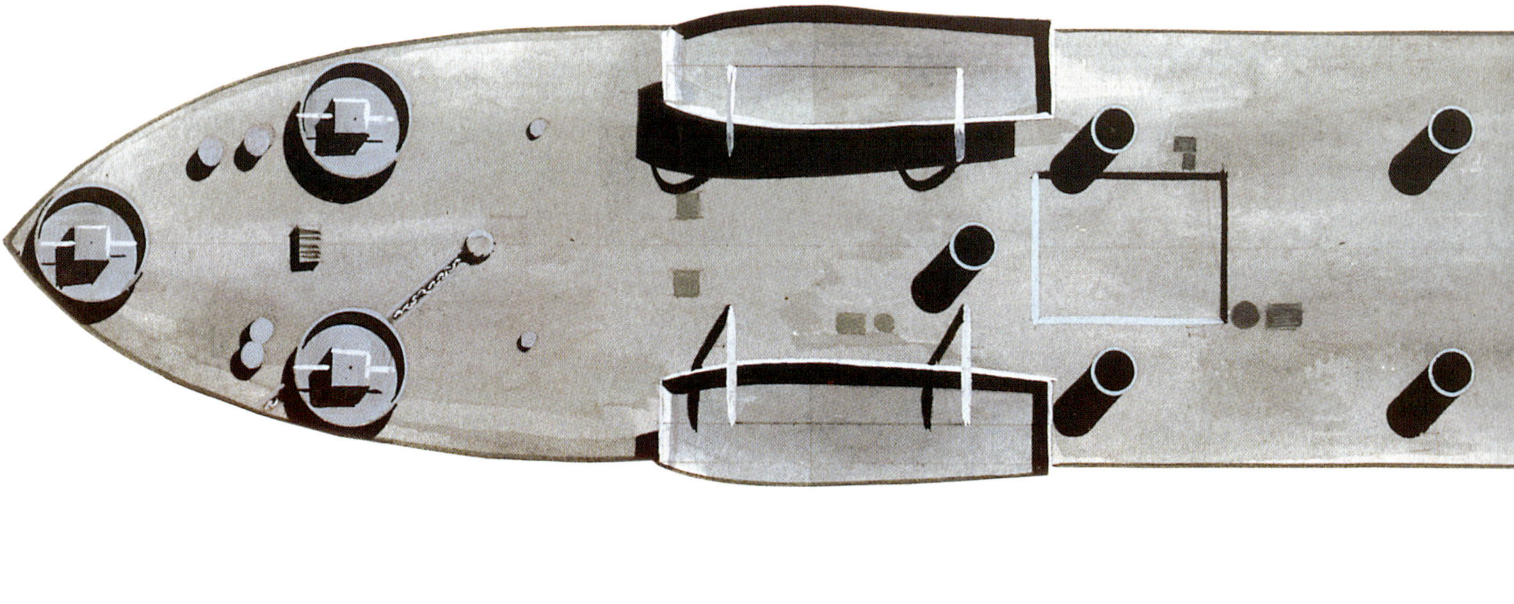

Daten

Verdrängung: 1.625 t; 2.366 t; 4.080 t mit Wasserbomben
Maße: Länge 99,9 m; Breite (an der Wasserlinie) 15,2 m; Tiefgang 3 m
Antrieb: Dieselmotor mit zwei Getriebewellen, 1.800 PS
Geschwindigkeit: 12 Knoten
Panzerung: keine
Bewaffnung: sieben 40-mm-Bofors-Flugabwehrkanonen, 12 20-mm-Flugabwehrkanonen
Besatzung: 111
Herkunftsland: USA

LST Mk 3

England baute eigene Amphibienboot-Serien, große und kleine, darunter auch Panzerlandungsboote (LST). Neben britischen wurden auch amerikanische LST verwendet, die unter den Bezeichnungen LST Mk IIs oder LST(2)s liefen. Trotzdem gingen alle LSTs auf britische Entwürfe zurück, vor allem auf die LST Mk I oder LST(1). Das LST(2) war ein Kompromiss zwischen der Hochseetüchtigkeit der ersten britischen Panzerlandungsboote und der Einfachheit und praktischen Konstruktion des größeren Landungsbootes. Das LST(2) war ein erfolgreiches Modell; es existierten jedoch zu wenige von ihnen, um den Bedarf in England und den USA in den späteren Kriegsjahren zu decken. Abhilfe schaffte England durch eine neue Klasse der LSTs, dem LST Mk III oder LST(3). Die Maße entsprachen in etwa denen der amerikanischen LSTs, doch waren sie viel schwerer (durch ihre Dieselmotoren und die vernietete Konstruktion) und daher auch leistungsfähiger. Die LST(3)-Boote liefen alle 1944/45 vom Stapel. In amerikanischen und kanadischen Werften wurden insgesamt 62 Stück gebaut. Es wurden noch mehr in Auftrag gegeben, doch nutzte man einige Schiffskörper für Handelsschiffe; andere Aufträge wurden bei Kriegsende zurückgezogen. Die Schiffe konnten 15 40-Tonnen-Panzer oder 20 25-Tonnen-Panzer plus 14 3-Tonnen-LKWs und bis zu 170 Soldaten befördern. Die LST(3)s waren sehr vielseitig; nach dem Krieg blieben manche bis in die 70er Jahre im Dienst.

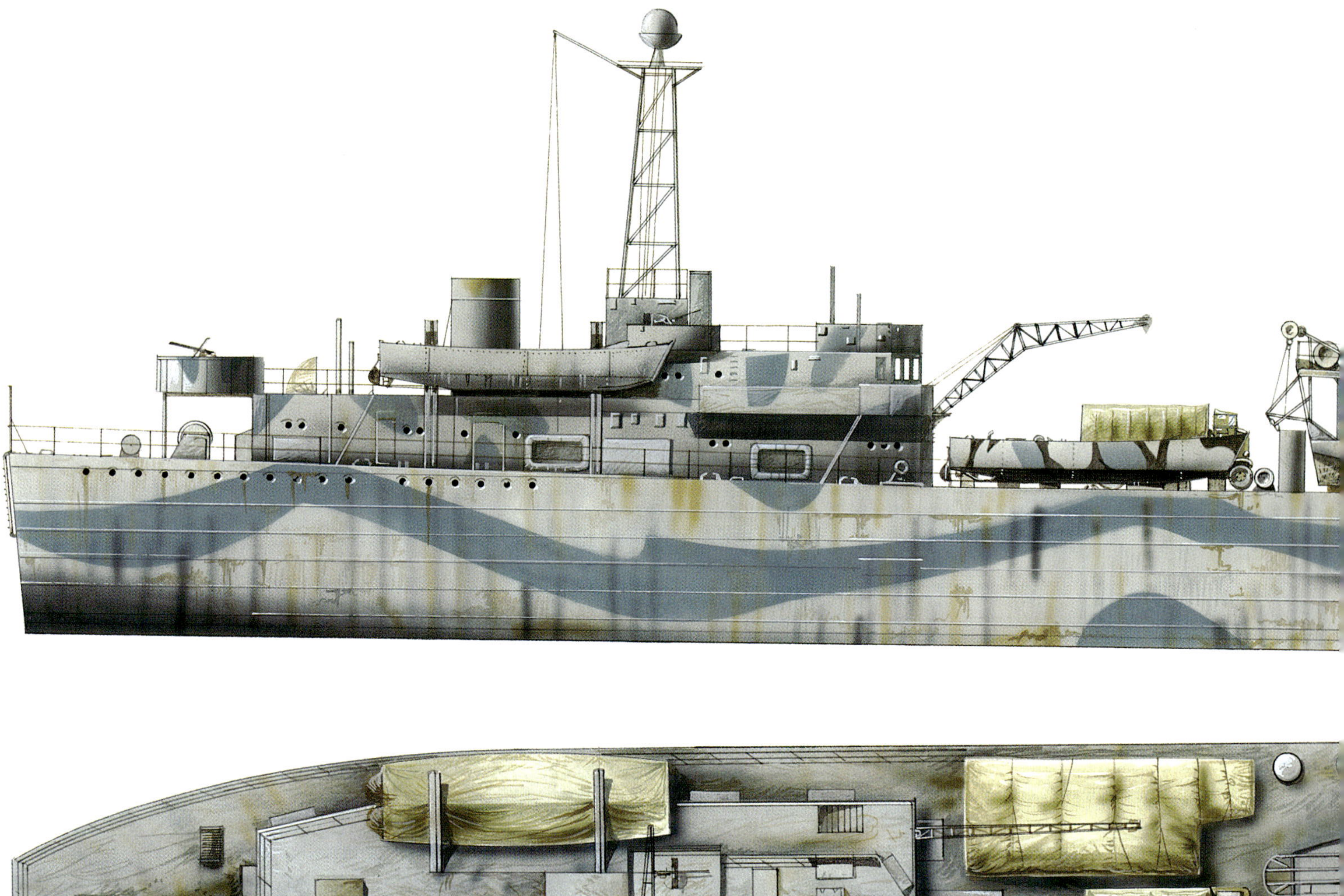

Daten

Verdrängung: 2.300 t normal; 4.980 t mit Wasserbomben
Maße: Gesamtlänge 105,8 m; Breite (an der Wasserlinie) 16,8 m; Tiefgang 3,8 m
Antrieb: zwei Admiralty-Kesseln mit drei Trommeln und zwei VTE-Getriebewellen, 5.500 PS
Geschwindigkeit: 13,5 Knoten
Panzerung: keine
Bewaffnung: vier 40-mm-Bofors-Flugabwehrkanonen, sechs 20-mm-Flugabwehrkanonen (oder nur zehn 20-mm-Kanonen)
Besatzung: 118–190
Herkunftsland: Großbritannien

HMS *Anchusa*

Das Eskortieren von Geleitzügen wurde zumeist von Korvetten der britischen und kanadischen Marine übernommen. Die Korvetten ihrerseits waren in der Mehrzahl (zum Teil abgewandelte) Schiffe der *Flower*-Klasse. Über 200 von ihnen wurden gebaut. Die Klasse basierte auf einem Walfängermodell aus der Vorkriegszeit, das um etwa 9 m verlängert und mit militärischer Ausrüstung versehen wurde. Sie wurden in 30 verschiedenen Werften in Großbritannien und Kanada gebaut; die meisten entstanden bei Harland & Wolff in Belfast. Eines der 34 in Nordirland gebauten Schiffe der *Flower*-Klasse, die 1940–1942 vom Stapel liefen, war die HMS *Anchusa*. Bei Kriegsende waren die Waffen auf den meisten *Flowers* mindestens einmal ausgewechselt worden, obwohl die meisten das 102-mm-Hauptgeschütz behielten. Ihre Funktion war das Begleiten von Handelsschiff-Konvois und, soweit möglich, das Aufspüren und Angreifen feindlicher U-Boote. Ihre wichtigste Waffe war das U-Boot-Abwehrgeschütz Hedgehog. Es bestand aus hochexplosiven, in Gruppen abgefeuerten Raketen, die das Zielboot eingabeln und an die Oberfläche zwingen sollten. Allerdings mussten die 16-kg-Torpex-Sprengköpfe einen Volltreffer landen, um ihre Wirkung zu entfalten, und die Waffe funktionierte am besten in flachen Gewässern. Auch Wasserbomben waren an Bord. 34 *Flowers* gingen im Krieg unter; die *Anchusa* überstand den Krieg.

Daten

Verdrängung: 1.170 t normal; 1.390 t mit Wasserbomben
Maße: Länge 62,5 m; Breite (an der Wasserlinie) 10,1 m; Tiefgang 4,8 m
Antrieb: zwei Kessel mit einer VTE-Getriebewelle, 2.750 PS
Geschwindigkeit: 16,5 Knoten
Panzerung: keine
Bewaffnung: ein 102-mm-Hauptgeschütz, 40 Wasserbomben, 72 Wasserraketen
Besatzung: 85–109
Herkunftsland: Großbritannien

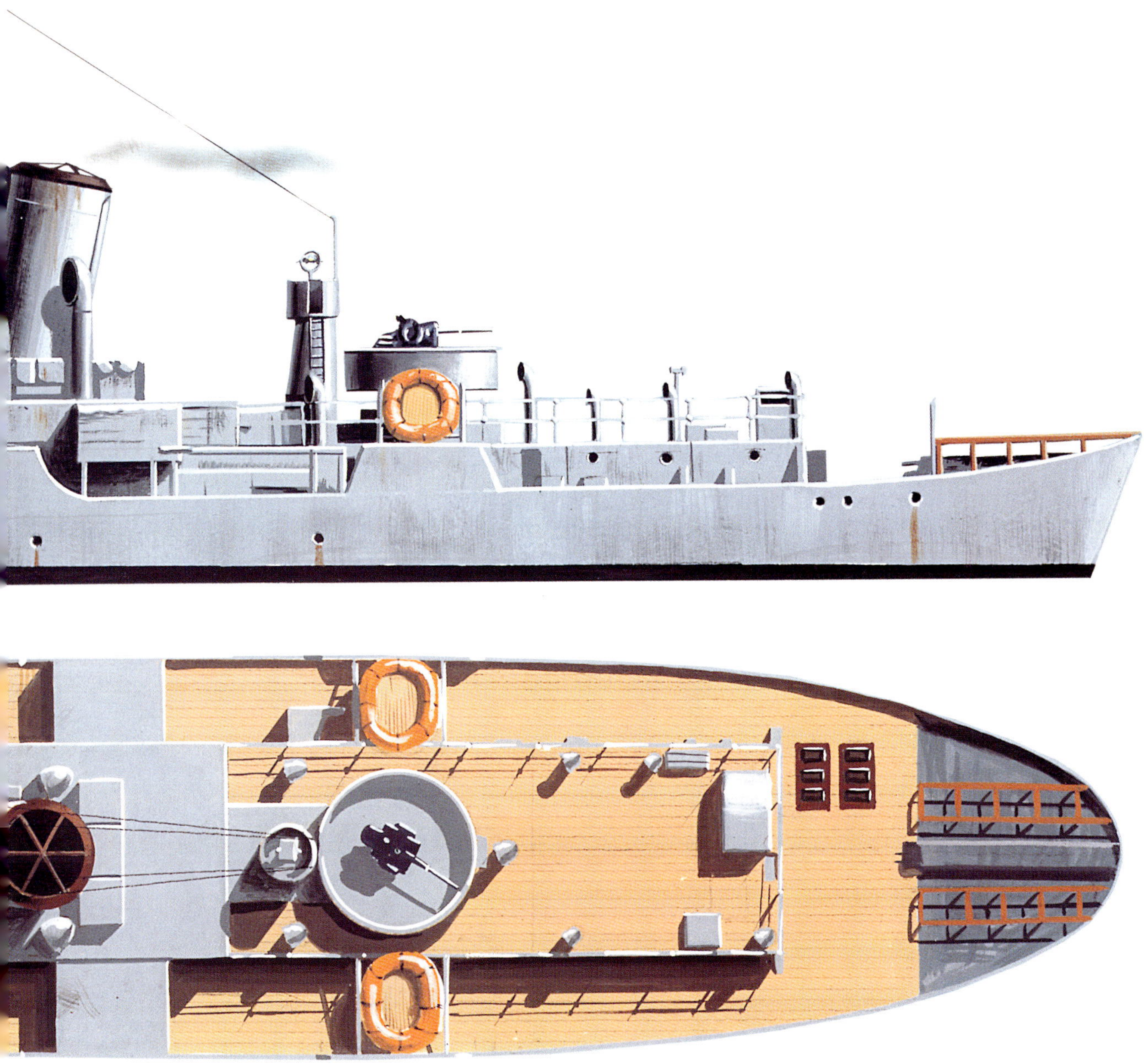

Fairmile Typ C MTB

Die Engländer entwickelten eine Reihe von Motor-Torpedobooten (MTBs), Motor-Kanonenbooten (MGBs) und Motor-U-Boot-Abwehrbooten (MA/SBs) für die Küstenwachen. Alle wurden schließlich unter der Kategorie MTB zusammengefasst. Ihre Funktion bestand darin, gegnerische Schiffe zu zerstören und Schutz vor Eindringlingen zu bieten. Auch bekamen sie spezielle Rollen zugewiesen, wie die Beförderung von Kommandogruppen sowie das Legen und Räumen von Minen. MTBs wurden in großer Zahl und von einer Reihe von Werften gebaut, darunter Vosper, Whites, Camper & Nicholson, British Power Boats und Thornycroft, und in vielen verschiedenen Entwürfen. Die Fairmile-Serie der MTBs wurde aus den früheren Motorbarkassen/-minenlegern vom Typ A und B entwickelt, die zum Typ C und dem größeren Typ D führten. Das abgebildete Schiff ist vom Typ C; diese wurden anhand ihrer Wimpelnummer identifiziert. Das erste Boot vom Typ C lief 1941 vom Stapel; von den 23 gebauten gingen fünf im Krieg verloren.

Daten

Verdrängung:	69 t normal; 75 t mit Wasserbomben
Maße:	Länge 35,7 m; Breite (an der Wasserlinie) 5,3 m; Tiefgang 1,7 m
Antrieb:	Hall-Scott-Benzinmotoren mit drei Getriebewellen, 2.700 PS
Geschwindigkeit:	27 Knoten
Panzerung:	keine
Bewaffnung:	zwei 2-Pfünder-Superfeuer-Flugabwehrkanonen, vier 12,6-mm-Maschinengewehre, vier 7,6-mm-Maschinengewehre (später sechs 20-mm- und vier 7,6-mm-Geschütze)
Besatzung:	16
Herkunftsland:	Großbritannien

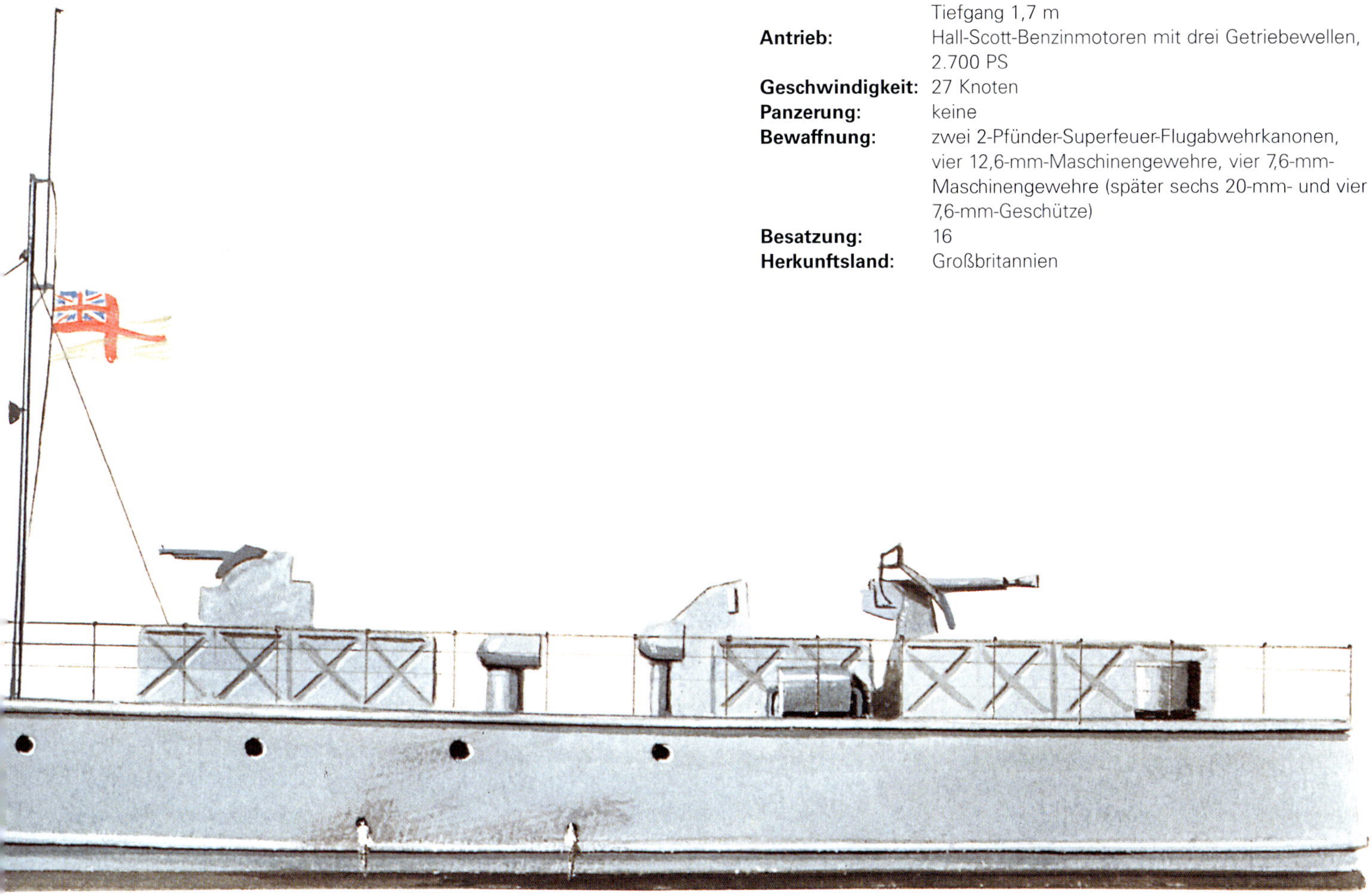

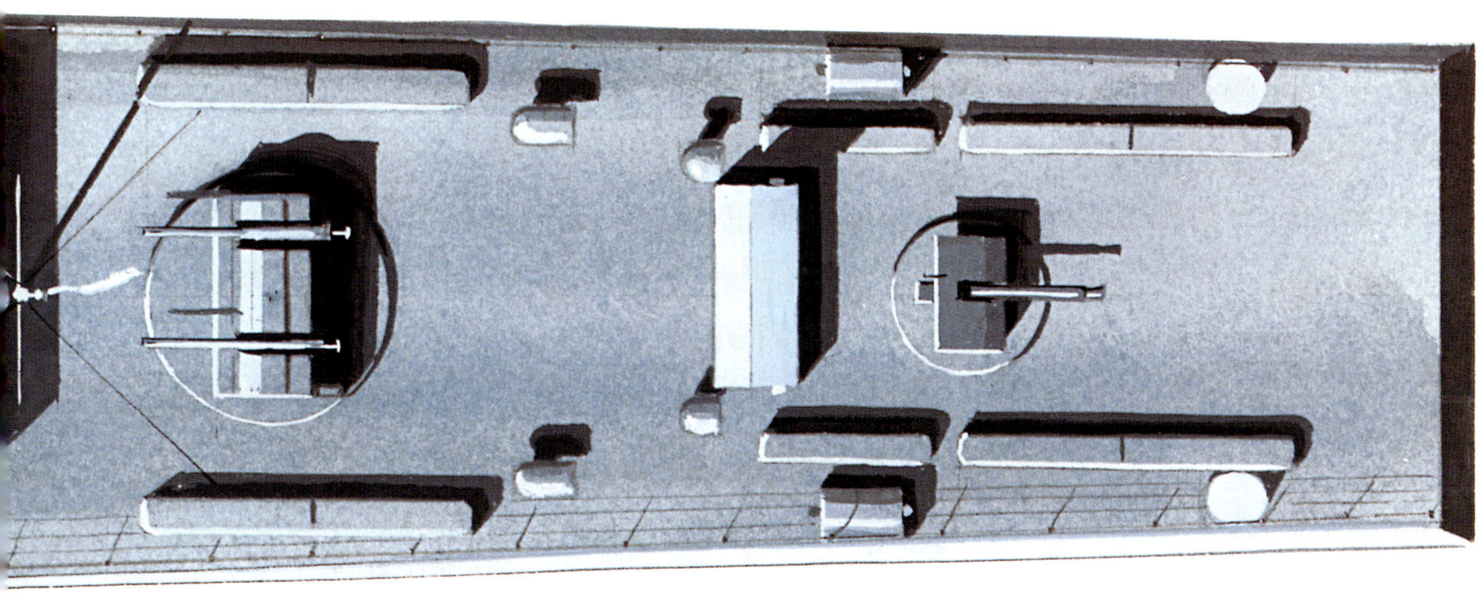

HMS *Jervis Bay*

Als sich der Krieg in Europa verschlimmerte, wurde Großbritannien völlig abhängig von den Atlantik-Konvois mit Versorgungsgütern aus Amerika. Diese Konvois stellten jedoch Ziele für deutsche U-Boote oder Überwasser-Angreifer dar, und es gab nicht genügend Schiffe, um sie zu begleiten. Damit ein Minimum an Schutz, hauptsächlich gegen über Wasser fahrende U-Boote (Kanonenangriffe waren eine wirksame U-Boot-Taktik) gewährleistet werden konnte, verwendete England Handelsschiffe als bewaffnete Handelskreuzer. Die HMS *Jervis Bay* war eines von über 50 solcher Schiffe, die 1939/40 in Dienst gestellt wurden. Sie war ein 14.000-Tonnen-Schiff von 1922, ein ehemaliges Passagier-Linienschiff. Wie die meisten bewaffneten Handelskreuzer besaß sie alte 152-mm-Kanonen der Mk VII, die keine Hochgeschwindigkeitsladungen trugen, also eine beschränkte Reichweite hatten. Später versuchte man, die Lage zu verbessern, und rüstete auch die Flakartillerie nach. 1939–1942 gingen 14 dieser Schiffe verloren; die übrigen dienten später im Krieg zumeist als Truppentransporter. Die HMS *Jervis Bay* wurde am 5. November 1940 von der *Admiral Scheer* versenkt.

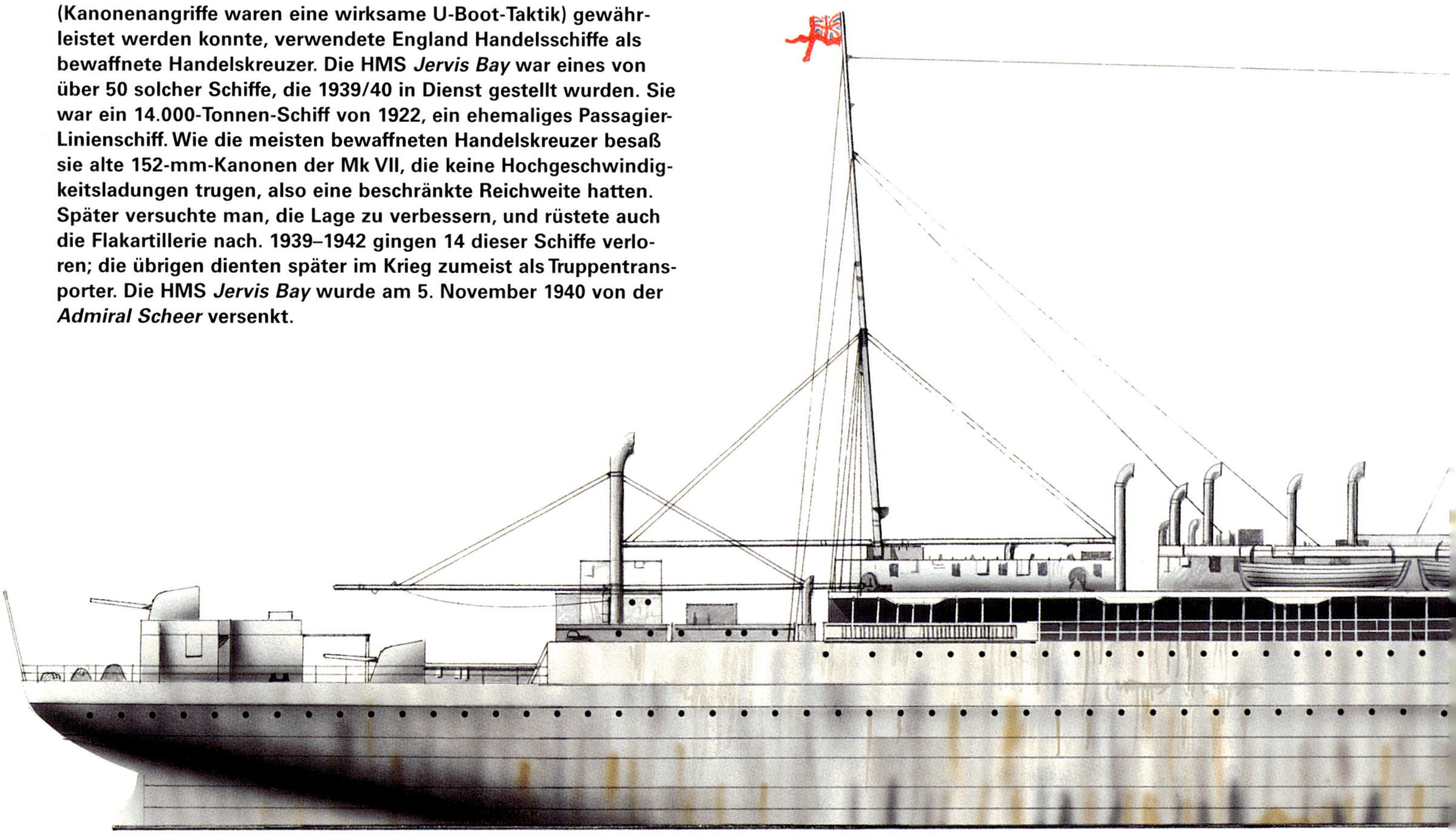

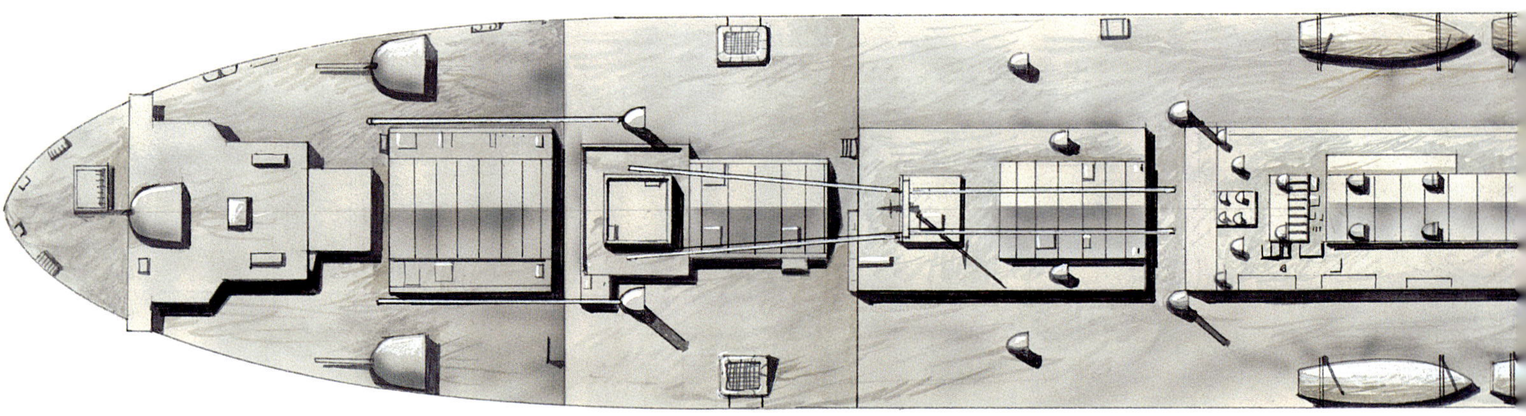

Daten

Verdrängung:	14.164 t
Maße:	nicht bekannt
Antrieb:	nicht bekannt
Geschwindigkeit:	15 Knoten
Panzerung:	keine
Bewaffnung:	sieben 152-mm-Geschütze
Besatzung:	nicht bekannt
Herkunftsland:	Großbritannien

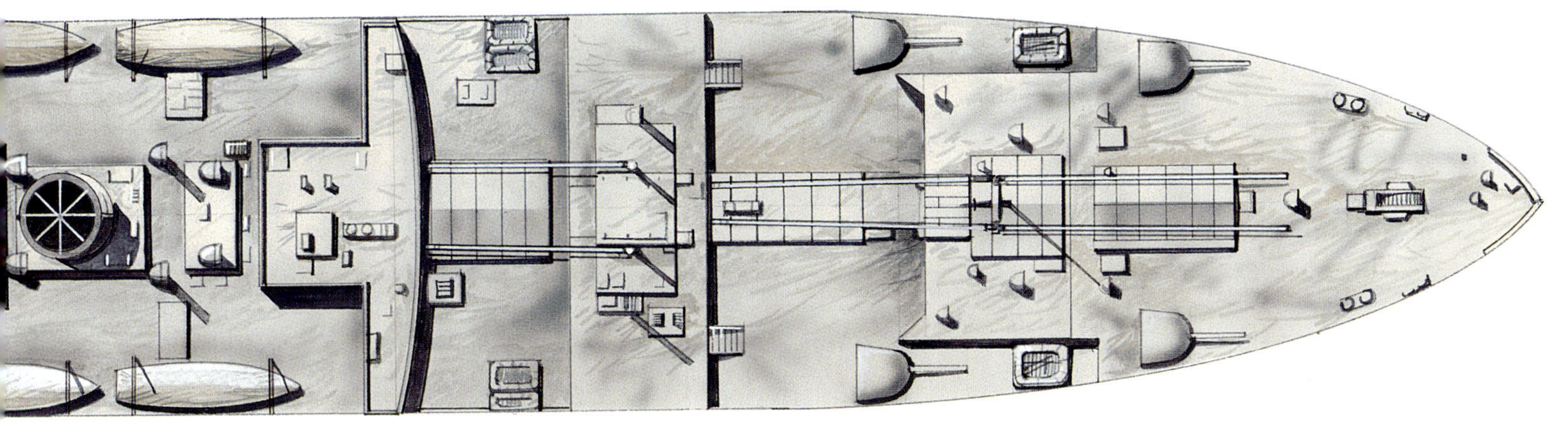